역사교과서의 **대화**

KOKUSAI REKISHI KYOKAHSHO TAIWA

by KONDO Takahiro
Copyright © 1998 KONDO Takahiro
All rights reserved.
Originally published in Japan by CHUOKORON-SHINSHA, INC., Tokyo.
Korean translation rights arranged with
CHUOKORON-SHINSHA, INC., Japan
through THE SAKAI AGENCY and BOOKPOST AGENCY.

역사교과서의 **대화**

곤도 다카히로 지음 | 박경희 옮김

역사비평사

역사교과서의 대화

1판 1쇄 인쇄   2006년 6월 26일
1판 1쇄 발행   2006년 6월 30일

지은이   곤도 다카히로
옮긴이   박경희
펴낸이   김백일
기획편집   조원식 김수영 최세정 정윤경
디자인   이파얼
교정   박종석
마케팅   정순구 황주영

출력   ING
용지   한서지업사
인쇄제본   한영문화사

펴낸곳   역사비평사
출판등록   제1-669호 (1988. 2. 22)
주소   110-260 서울시 종로구 가회동 175-2, 2층
전화   741-6123~5 │ 팩스   741-6126
홈페이지   www.yukbi.com │ 전자우편   yukbi @ chol.com

한국어판 출판권 ⓒ 역사비평사 2006
ISBN   89-7696-268-0   03920

이 도서의 국립중앙도서관 출판시도서목록(CIP)은 e-CIP 홈페이지(http://www.nl.go.kr/cip.php)에서
이용하실 수 있습니다. (CIP제어번호 : CIP2006001353)

† 책값은 표지 뒷면에 표시되어 있습니다.
   잘못 만들어진 책은 구입하신 서점에서 바꾸어 드립니다.

　이번에 이 책이 한국의 독자들에게 소개된 것은 필자에게 매우 기쁜 일이다. 단지 이 책이 새로운 독자를 얻었기 때문만이 아니다. 번역서가 간행됨으로써 이 책의 주장에 새로운 차원이 열릴 것이라 생각하기 때문이다.

　일본인인 필자는 이 책을 집필할 때 무엇보다 먼저 일본의 독자를 염두에 두었다. 식민지 지배에 대한 죄의식을 부정하는 데 열심인 일본인에게, 그리고 이웃에 무관심한 일본인에게, 유럽 특히 독일과 폴란드 사이의 역사교과서 대화를 알게 함으로써 자신과 역사에 대해 성실하다는 것이 어떤 것인지를 다시 생각하게 만드는 실마리를 제공하는 것이 이 책의 과제였다.

　한편 필자는 이른바 역사교과서 문제를 일본만의 문제로 이해하고, 내셔널리스트를 비판하면 충분하다는 자세에도 의문을 느꼈다. 분명히 일본 내 내셔널리스트의 언동은 오만하며 유치하다. 거기에는 일본의 문화와 역사가 응축된 면도 있을 것이다.

　그러나 형태는 조금 달라도 비슷한 현상이 세계 각지에서 확인되지 않는가. 일본의 문제는 특수하다기보다는 오히려 근현대사의 귀결로서 세계 각지에서 나타나는 일반적인 현상의 하나라고 생각할 수는 없을까.

　이러한 문제의식이 필자의 당면 관심을 유럽으로 돌리게 했다. 일본인이 이런 의문을 제기하는 것이 이전에 피해를 입었던 사람들의 눈에는 일본의 사회 현상을 상대화함으로써 책임을 회피하려는 것으로 비칠 위험이 있다는 것도 잘 알고 있다. 이 점에 대해서는 필자에게 그런 의도가 일절 없음을 독자 여러분께 약속하려 한다. 이미 생겨버린 죄를 당사자로서는 상대화하기 불가능하다.

그러나 교과서 문제로 대표되는 역사인식 문제는 오늘의 과제이고, 그것에 매달리기 위해서는 현실에 대한 이성적인 분석이 불가결하다고 생각한다. 특히 역사를 둘러싼 논의에 감정적으로 반응하는 내셔널리스트들의 현저한 경향에 종지부를 찍지 않으면 안 된다. 오히려 과거에 대한 정서적인 접근이 정치적으로 어떻게 이용되어왔는지, 또 지금도 그러한지를 묻는 일이 필요하다고 생각한다.

본래 이런 문제를 해결하기 위해 특히 이성에 기대를 거는 것은, 역사 문제에 대해 불충분한 자세를 취함으로써 많은 비판을 받는 가해자 측에서 나오기 쉽다. 그리고 이런 사실을 증명하는 것이기도 한 이 책이 이번에 한국어로 번역되었다는 것은, 한국의 독자들이 피해자로서의 위치를 이미 극복하고 있음을 보여주는 것이라고 필자는 생각한다. 아마도 가해자가 과거를 극복하기보다도 먼저 말이다.

이러한 순서로 문제 해결을 모색하는 것은 본래 옳지 않고 분명히 문제가 있다. 하지만 문제 해결의 과정에 이 책이 조금이나마 공헌할 수 있다면, 필자는 현대 세계의 한 시민으로서 역시 행복하다고 말하지 않을 수 없다.

아우슈비츠 해방 60주년이 되는 날에
곤도 다카히로

1972년 2월 22일 독일인 역사가 11명이 처음으로 바르샤바를 방문했다. 그들이 향하고 있는 목적지는 폴란드과학아카데미(Polish Academy of Sciences / Polska Akademia Nauk, PAN)였다.

2년 전 가을, 파리에서 열린 유네스코총회에서 서독과 폴란드의 유네스코 국내위원회는 두 나라의 역사교과서를 공동으로 연구하는 국제위원회의 창설을 약속했고, 그에 따라 11명의 독일인 역사가들이 제1회 회의를 위해 바르샤바에 온 것이었다.

당시 두 나라는 적이나 다름없었다. 냉전이라는 배경은 물론이고, 쌍방의 역사인식이 대립을 뒷받침하고 있었고, 더욱이 역사교육이 적대감정을 재생산하고 있었다.

두말할 나위 없이 폴란드는 나치스 독일에 의한 최대 피해국 중 하나다. 나치스는 5년여에 걸친 점령 기간 동안 유태인계를 포함해 약 500만 명이나 되는 시민을 살해했고, 전황이 악화되는 상황 속에서도 폴란드의 수도 바르샤바를 철저하게 파괴했다.

폴란드 입장에서 보면, 독일인에 의한 피해는 단지 제2차 세계대전에만 그치지 않는다. 세 번에 걸친 폴란드 분할, 그 이전에 있었던 독일기사단[1]의 동유럽 식민 등, 침략을 받은 기억이 너무 많아서 일일이 셀 수도 없을 정도였다. 이에 비해 독일 입장에서 보면, 제2차 세계대전 말기에 구독일의 동부지역 일부가 소련의 적군赤軍 지배에서 결국 폴란드 관할에 들어가는 과정에서 독일 주민 수백만 명이 그곳에서 쫓겨나 거의 무일푼으로 지금의 독일 지역으로 내몰렸다는 사실이 더 중요했다. 그 과정에서 폴란드 측의 비인도적인 조치로 인해 다수의 사망자가 발생했던 것이다.

이와 같은 불행한 과거가 그 뒤에 국가 혹은 민족 간의 관계에 무거운 짐이 되었던 것은 세계 곳곳에서 허다하게 볼 수 있는, 어떤 의미에서 극히 예사로운 현상이었다고 말할 수도 있다. 그것은 기존의 많은 국가가 대부분 '자기들만의 이야기'로서의 역사나 문화에 의해 유지되고 있었기 때문이다.

그러나 1972년에 독일과 폴란드의 역사가들은 이 당연한 현실에 대해 도전하기 시작했다. 그들은 자국과 상대국의 교과서를 검토하고 서로 의견을 나눔으로써 미래의 역사인식을 위한 공통의 기반을 만들고자 했다. 지금까지 25년 이상이나 계속되고 있는 대화 과정에서 두 나라의 교과서에 대해 '공동교과서권고'가 발표되었으며, 그것은 특히 독일의 역사교육에 큰 충격을 주는 데 성공했다.

이러한 성공의 과정은 가까운 유럽 나라들은 물론이고, 근래에는 일본에

1__ 튜턴기사단이라고도 한다. 원래 부상병 구호를 위해 세운 병원에서 기원했으나, 나중에 성전기사단·성 요한기사단과 함께 성지를 방위하는 종교기사단으로 변했다.

서도 독일의 '과거 극복'의 한 예로 자주 소개되고 있다. 근현대사 이해에서 국내의 요구가 먼저 우선시되어온 결과, 일본은 다른 나라들로부터 종종 불신의 눈총을 받아왔다. 그런 일본인들에게 독일과 폴란드 역사가들의 대화는 어떤 의미에서는 상상을 초월하는 것인 동시에, 주목할 만한 것임에 틀림없다. 독일 사회를 과대평가하는 것은 아니다. 하지만 수많은 역사가들에 의해 국가 간의 대화가 거듭되면서, 독일이 스스로 가해자라는 자국상自國像을 계속 재확인했다는 사실은, 이런 가능성을 억압해온 국민들(일본인)에게는 역사적 사실에 대한 용기를 가지게 만드는 것이다.

'국제 역사교과서의 대화'와 '과거극복', 이 두 가지는 전후 독일에서 떼어놓기 어려울 정도로 결부되어왔다.

그렇다면 교과서 대화의 본질이 '과거극복'에 있다고 생각해도 좋을까? 바꿔 말하면, '과거'란 역사에서 침략의 과거만을 의미하는 것일까? 이러한 의문에 답하기 위해서는 유럽통합과 교과서 대화의 관계에 눈을 돌려보는 것이 유용하다.

유럽통합의 중심기관인 EC/EU2에서 문화·교육면의 활동은 늘 다른 영역보다 뒤쳐져 있었다. 그러나 시야를 조금 넓혀보면, 유럽평의회(Council of Europe)3나 그 밖의 기관이 제2차 세계대전 이후부터 바로 역사교육 문제에 매달려왔음을 알 수 있다. 요컨대 오늘날 유럽의 국제 역사교과서 대

2__ 1993년부터 유럽공동체(EC)가 유럽연합(EU)으로 개칭했다
3__ 유럽평의회는 유럽대륙에서 가장 오래된 정치기구로서 1949년 설립되었으며, 프랑스 스트라스부르에 위치해 있다. 유럽연합과는 직접적 관련성이 없다. 유럽평의회 규정(Statute of the Council of Europe)을 바탕으로 하며, 벨기에, 덴마크, 프랑스, 아일랜드, 이탈리아, 룩셈부르크, 네덜란드, 노르웨이, 스웨덴, 영국 등 서유럽 10개국의 서명에 따라 창설되어, 현재 46개국의 회원국을 보유하고 있다. 이들 45개 회원국 중 21개국은 동유럽 국가이다.

화에는 '독일─폴란드의 대화' 같은 두 나라 사이의 대화 외에 유럽 규모로 진전시켜온 여러 나라들 사이의 대화도 포함된다.

유럽통합을 염두에 둘 때 이러한 대화가 좀 더 근본적인 문제, 즉 반드시 국가와 역사의 결합에 논점을 맞춰야 하는 것은, '가해─피해'의 관계뿐만 아니라 역사도 모두 국가 단위로 편성되어 있다는 현상 때문이다.

프랑스인은 프랑스 역사를 중심으로 세계 역사를 해석하고, 영국인은 영국 역사를 토대로 외국과의 관계를 이해한다. 이처럼 이른바 국가가 역사를 전유專有하고 있기 때문에, 국가 간의 적대 행위인 전쟁을 둘러싸고 대립하는 역사 이해가 〔국가기관으로서의〕 학교 안팎에 널리 퍼지게 된다. 따라서 이 문제를 근본적으로 해결하려면, 역사를 국가로부터 해방시켜야 한다. 만약 단일통화(euro)와 함께 각국이 유럽이라는 공간에 통합되기를 바란다면, 역사에 대해서도 마찬가지여야 하지 않을까? 그런 점에서 "각국의 역사는 유럽의 역사로 교체되지 않으면 안 된다!"라는 목소리가 높아진다 해도 조금도 이상하지 않을 것이다.

물론 일은 그리 단순하지 않다. 유럽통합이 반드시 순조롭게 진전되어온 것은 아니라는 사실은, 역으로 근대 국민국가라는 사회 형태가 오늘날에도 여전히 일정한 존재의의를 인정받고 있음을 보여준다. 이 같은 사정은 한 국가와 결합된 역사에도 그대로 적용된다.

그러나 두 차례의 세계대전과 냉전 그리고 민족분쟁으로 채워진 20세기가 끝나가는 지금에야, 우리는 국가가 지녀야 할 본연의 모습을 근본적인 측면에서 다시 생각할 기회를 갖게 되었다. '과거극복'이라는 구체적인 과제는 하나의 실마리이다.

이 책에서는 이 실마리로부터 제2차 세계대전 이후의 독일을 중심으로 하는, 유럽에서 일어난 국제 역사교과서 대화의 전개과정에 주목하고자 한다. 여기서 던지는 역사와 역사교과서에 대한 물음은, 과거를 단지 이전에 일어난 일을 둘러싼 이른바 '사소한 해석의 차이'로 해결하려는 것이 아니라 미래의 우리들 각 개인과 국가의 관계에 초점을 둔 현실적인 과제를 추구하고자 하는 것이다.

차례

일러두기

1. 이 책은 『國際歷史教科書對話 ― ヨーロッパにおける「過去」の再編』(中公新書, 1998)를 완역한 것이다.
2. 각주는 일부의 원주를 제외하고는 모두 편집부에서 붙인 것이다. 따라서 각주 내용의 적절함 여부는 오로지 편집부의 책임에 있다. 원주는 각주 끝에 '(원주)'라고 표기해두었다.

서장 | 역사교과서에 대한 물음

역사교육의 기능

> (아이들은) 자기네 나라가 치른 전쟁은 모두 방위를 위한 전쟁이고, 외국이 싸운 전쟁은 침략 전쟁이라 생각하도록 유도된다. 예상과는 달리 자기 나라가 외국을 정복할 때는 문명을 확대하기 위해, 복음의 빛을 비추기 위해, 높은 도덕이나 법률과 그 밖의 고귀한 것을 널리 보급시키기 위해 그렇게 했다고 믿도록 교육된다.

위의 글은 버트런드 러셀의 저서 『교육과 사회체제(*Education and the Social Order*)』(London, George Allen & Unwin, 1932)에 나온다. 이것은 유럽 제국주의 국가를 염두에 둔 발언이지만, 교과서 검정뿐 아니라 과거를 미화하는 정치가나 지식인의 발언을 종종 들어온 일본 국민으로서는 쉽게 공감할 수 있는 것이다. 분명히 침략전쟁은 나쁘지만, 한반도에서 대륙으로 진출한 것은 러시아의 위협에 대해 자위상 필수불가결한 조치였지 침략전쟁이 아니었다고 생각하는 사람들, 그리고 다음 세대 일본 국민에게 그렇게 믿게 하고 싶은 사람들은 지금도 적지 않다. 이러한 현상은 '교과서 문제'라는 말이 보여주듯 전후 일본 사회의 미해결 문제로서 취급된 예가 많은데, 러셀의 이 말은 국가에 의한 자국사의 미화라는 행위가 반드시 일본에 국한된 것은 아님을 보여준다. 그것은 오히려 미국이나 유럽 여러 나라 사이에서 꽤나 공통된 현상이라 할 수 있을 것이다.

근대에 시작된 오늘날의 국민국가라는 사회형태는 구성원에 대해 일정한 국민의식을 요구한다. 물론 국민의식에는 다양한 형태를 생각해볼 수 있다. 국가를 지탱하는 헌법이 표현하는 가장 기본적이며 보편적인 가치에 대한 지지, 혹은 국가가 약속하는 경제적인 풍요로움에 대한 기대, 이러한 것들은 각 개인 속에 국가에 대한 기본적인 지지를 불러일으킬 수 있다. 그러나 현실적으로 많은 국가들은 이성을 넘어 무제한적인 귀속의식이나 공동체의식을 키움으로써 국가체제를 유지하고 있으며, 이 과정에서 학교 교육 특히 역사교육이 맡은 역할은 크다.

교과敎科로서의 역사는 다른 것에 비해 가장 실용성이 부족한 학습영역 중 하나이지만, 개개인에게 '국민' 즉 '우리'에 대한 일종의 정의定義를 부여한다. 그것은 정치적으로 매우 중요한 역할이다. 예를 들면 일본인은 언제부터 존재했는가, 어떤 지리적 범위에서 활동해왔는가, 역사적으로 어떤 것을 경험해왔는가라는 질문을 통해 국민의 이미지를 제공하고, 그것에 의해 개인을 국민의 일부로 삼는다. 그리고 많은 사례를 통해, 이 과정에서 역사 연구의 성과와 모순되는 논의가 제공되는 경우도 흔하다는 사실도 알 수 있다.

물론 이와 같은 국민화 과정은 역사교육의 힘만으로 달성되지 않으며, 더 크게 보면 역사학을 포함하는 근대의 여러 학문이 긴장을 내포하면서도 상호 보완함으로써 국가의 이미지가 형성되고 그 기초 위에서 오늘날의 국가가 기능한다. 근대 사회에서 국민국가의 원리는 구석구석까지 침투해 있는 것이다. 그러나 근대화를 지탱하고 그 과정에서 발전을 이룬 갖가지 문화적 구성물 속에서도 역사교육이 국가의 본질에 가장 밀착한 존재 중 하나임을 의심할 여지는 없을 것이다. 역사교육은 우선 오늘날의 국가를 '자연스럽게, 또 필연적으로 존재하는 것'으로 간주하는 전제를 설정하고, 나아가 국가를 '가치 있는 것', 즉 각 개인이 기꺼이 귀속되어야 하는 것임을 증명하려 한다. 그것을 위해 세계에 자랑거리로 내세울 수 있는 '국민의' 문화나 사회적 성취에 초점을 맞추는 한편, 상황이 나쁘거나 패배로 평가하지 않을 수 없는 사실들은 은폐된다.

이러한 독선적인 역사교육을 문제로 파악하는 눈이 이제까지 존재하지 않았던 것은 아니다. 러셀도 그 중 한 사람이며, 이미 19세기 후반에 유럽이나 미국의 평화주의자나 사회주의자 중 일부는 자국 정부에 의해 자국에 편리한 역사가 교육되며, 그것이 다른 국가의 국민들에 대한 편견과 적개심을 키운다는 비판의 소리를 높였다. 그들에 따르면, 그러한 역사교육은 국민에게 정신적인 전쟁준비를 시키는 것이며, 군사력의 확대와 아울러 주시해야 하는 것이었다.

문제를 인식한 사람들은 교육을 둘러싼 국제적인 연대를 추진함으로써 이와 같은 역사교육의 실상을 바꾸고 그것을 평화에 공헌하는 내용으로 채우기 위한 방법을 모색했다. 그러나 실제로 이러한 시도는 가속화되고 있는 군비확장 경쟁과 긴박해지는 국제정세를 따라잡을 수 없었다. 그리고 각국이 제1차 세계대전에 돌입함으로써 국제협력의 기초조차 잃어버리게 되었다. 결국 역사교육을 둘러싼 국제협력이라는 정신이 구체적인 꼴을 갖추기 위해서는 제1차 세계대전의 종결을 기다리지 않으면 안 되었다.

국제연맹의 활동

국제연맹은 1921년 제2회 총회에서 지식인의 국제적 교류와 연대를 촉진하는 지적협력국제위원회(International Committee on Intellectual Cooperation)의 창설을 결정했다. 이 과정에는 당시 유럽 지식인 사이에 퍼져 있던 반성의식, 즉 본래 정신의 자유를 존중해야 하는 예술가나 연구자가 오히려 더

적극적으로 민족을 찬미하여 민족주의의 폭주에 가담했던 것을 뉘우친다
는 의식이 나타나 있다. 또한 세계적 규모의 총력전이라는, 인류로서는 처
음 해본 경험이 평화를 향한 의식을 고조시켰던 것도 이러한 움직임의 배
경이 되었다. 당시는 일본에서도 그때 막 결성된 교원노동조합 '게이메이카
이啓明會'가 1920년 국제연맹 제1회 총회에 대해 '적개심을 조장하는 모든
교과의 배척'과 '국제적인 역사교과서 편찬'을 호소하는 활동을 전개하고
있었다.

이와 같은 일본으로부터의 호소가 어느 정도 영향력을 가졌는지는 확실
하지 않지만, 세계적으로 반전反戰의식이 고조되는 가운데 이 지적협력국제
위원회는 처음으로 당시의 역사교육에 만연한 민족주의라는 문제에 집중
적으로 매달리게 되었다.

역사교과서에 관한 활동 가운데 가장 유명한 성과는 1925년에 발표된
'카사레스(Casares) 결의'일 것이다. 주도권을 잡은 스페인 대표의 성姓을 따
서 이름붙인 이 결의는 여러 나라들 간의 역사교과서를 검토하는 절차를
명문화했다. 그 앞 대목에는 "여러 국민 사이의 정신적인 접근을 달성하기
위한 가장 유효한 방법 중 하나가 다른 나라에 대해 중대한 오해를 초래할
지도 모르는 잘못된 인상을 주는 기술을 교과서에서 말소하고 정정하는 것
이다"라고 쓰여 있다.

그러나 카사레스 결의는 발표 당시에는 높이 평가되었지만 현실에서는
제대로 적용되지 않았다. 그래서 1932년에 지적협력국제위원회는 카사레스
결의를 강화한 '수정 카사레스 결의'를 발표하고, 나아가 1935년에는 국제
연맹 제16회 총회가 '역사교과서의 개정改訂에 관한 선언'을 각국 정부에
통지하여 서명하도록 요청했다. 후자는 각국 정부와 교과서 집필자에 대해

여러 국민의 상호 이해를 촉구하고 특히 세계 전체의 역사라는 관점에서 국민들의 상호 의존을 중시한 역사 기술을 요구한 것으로, 이것은 마침내 1937년에 '역사교육에 관한 선언'으로 발효되었다. 그렇지만 이것들도 실효가 있었다고는 말할 수 없다. 국제연맹이나 지적협력국제위원회의 이러한 활동에 대해서 미국·영국·프랑스와 같은 강대국 정부들은 일관되게 부정적인 반응을 보였다. 그들 반대파가 주장했던 것은, 교육에 관한 권한은 각국의 교육 관계자에게 있으며 국제연맹의 활동은 내정간섭이나 다름없다는 것이었다.

이렇게 해서 결국 제1차 세계대전 이후에 국제연맹을 중심으로 전개된 대응은 눈에 띄는 성과를 올리지 못하고, 다시 벌어진 제 2차 세계대전으로 인해 종말을 맞이하게 되었다. 그런데 여러 강대국들이 국제연맹의 활동을 비판하던 1935년에 그들이 내세운 주장의 모순을 밝히는 하나의 사건이 발생했다.

프랑스 역사교사의 활동

1935년 11월 25일, 베를린역사학회장 아르노르트 라이만(Arnord Reimann)과 라이프치히대학 교수 파울 헤레(Paul Herre)라는 독일인 역사가 두 사람이 파리를 방문했다. 프랑스역사·지리교원협회 대표자와 두 나라의 역사교과서에 대해 이야기를 나누기 위해서였다.

이 회의는 직접적으로는 독일 측이 제안했지만, 애당초 시작은 1926년에 프랑스전국교원노동조합이 독일교원노동조합에게 평화를 위해 서로 협력하자고 호소한 데에 있었다. 따라서 프랑스 정부가 국제연맹의 활동을 비판할 때 말한 바와 같이 교사에게 교육내용을 결정할 권리가 있다고 한다면, 지적협력국제위원회로 대표되는 역사교과서를 둘러싼 국제적인 활동을 비판할 필연성은 원래 존재하지 않는 것이다. 당시 프랑스의 많은 교사들은 국제협력에 의해 역사교과서의 내용을 더 평화적인 것으로 개선하는 활동을 지지하고 스스로 그것을 추진하고 있었던 것이다.

같은 해 독일과 프랑스 사이의 오랜 분쟁지였던 알자스의 스트라스부르에서 열린 프랑스전국교원노동조합 대회에서는, 위원장인 조르주 라피에르(George Lapierre)가 프랑스의 교과서에 잠재해 있는 반反 독일 감정의 문제를 지적했다. 그는 특히 독일에 대한 증오를 가르치는 역사·문학·사회교과서 26권의 제목을 거론하며 이런 교과서들을 사용하지 않도록 호소했다. 이 시도는 성공을 거두었다. 전국 7만 8,000명의 교사들이 그 호소에 부응하여 이런 교과서 사용을 거부했기 때문에 출판사는 이의가 제기된 교과서를 회수하고 새 교과서로 바꿔주지 않으면 안 되었다.

독일-프랑스 대화

프랑스에서 라피에르가 활약하고 있을 무렵 독일의 사정은 전혀 달랐다. 분명히 독일에도 프랑스교원노동조합의 제안에 이해를 보이는 사람은 있었다. 그러나 당시 독일은 베르사유 조약에 따른 고액의 배상금 때문에 고통 받고 있었고, 프랑스에 대한 복수심이 강했다. 그래서 독일의 대세는, 독일 역사학의 우월성을 믿고 프랑스 측의 제안을 오히려 위선적으로 받아들이는 것이었다. 나중에 독일의 역사교사를 대표해서 파리를 방문하게 된 라이만도, 1926년 당시에는 프랑스 측의 제안에 관심을 보인 독일 교육자들에게 "평화주의적 신조에서 외국인에게 비위를 맞추는 엉터리"라는 비난을 퍼부었다.

이처럼 프랑스에 대한 복수심으로 뒷받침된 국가주의는 마침내 나치즘의 폭발을 낳게 되었다. 그러나 뜻밖에도 나치스가 정권을 잡고 난 2년 뒤에 독일-프랑스 대화가 실현되었다. 물론 오늘날의 시점에서 보면, 이 같은 대화가 실현된 과정 속에서 이미 1935년의 대화가 지닌 한계는 분명했다.

파리에서 열린 회의의 서두에 프랑스 측 참가자가 개인자격으로 참가한 것을 표명한 데 대해 베를린과 라이프치히에서 온 역사가 두 사람은 나치스 정부의 공인 아래 참가한 것임을 선언했다. 나치스의 공인은 이 회의가 당시 독일 정부 대외선전의 일부라는 측면을 지녔음을 추측하게 한다. 성립 당시부터 다른 나라에게 불신감을 불러일으켰던 나치스 정부는 자신의 기반을 확고하게 하기 위해 유럽에서의 평화 창조자라는 이미지를 내외에 널리 알리는 것이 긴급한 과제였다. 이듬해 열린 베를린 올림픽은 그것을 위한 좋은 기회였으며, 꼭 성공시키지 않으면 안 되는 것이기도 했다. 1935년이라는 시점에서 대화를 요구한 데는 당시의 국제환경에서 나치스 독일이 처한 위치에 기인하는 전략적인 이유가 있었다.

그러나 나치스가 가지고 있던 본래의 동기와 관계없이 일주일에 걸친 회의에서 두 나라의 역사가는 쌍방의 역사교과서에 대해 40항목으로 이루어진 수정권고를 매듭짓는 데 성공했다. 그것은 18세기 초부터 1925년의 로카르노 조약까지 매우 긴장된 두 나라의 관계사에 대해 견해의 차이를 밝히고, 나아가 다양한 타협과 유보를 거듭하긴 했지만 두 나라 국민에 대해 일정한 공통의 이해를 명확히 내세웠다.

권고의 맨 마지막에 나오는 최종 결의에는 다음과 같이 쓰여 있다.

이 권고를 완전한 형태로(유보도 포함하여), 되도록 빨리 교과서 편집자나 출판사에 알리고 또 모든 교사들에게 신뢰를 얻을 수 있는 형태로 공간公刊할 것.

이 약속은 프랑스에서는 각종 교사용 잡지에 전문全文이 게재되어 달성되었다. 또 회의에 참가했던 프랑스 역사가들은 모두 저명한 교과서 집필자여서, 그 점에서도 프랑스의 역사교육에 대한 이 회의의 영향력이 보증되었다.

이에 비해 독일에서는 나치스 정부가 그 회의를 지지했어야 했지만, 이 약속은 거의 무효가 되었다. 독일에서도 마찬가지로 전국적인 교사 잡지에 게재가 예정되었지만, 실제로는 수도 베를린에서만 소개되는 데에 그쳤고, 게다가 전문全文을 게재할 예정이었던 독일역사교육조합의 기관지인 『과거와 현재』는 1937년, 1938년 두 차례에 걸쳐 권고를 게재하는 대신에 이와 같은 시도 자체를 비판하는 논문을 게재했다. 거기에는 다음과 같은 한 구절이 보인다.

생존 경쟁 속에서 자기를 주장하기 위해 역사로부터 무기를 주조하는 것은 모든 민족의 권리이다. …… 어느 민족에게서나 역사는 민족 영웅의 노래이다. 한 민족의 영웅이 다른 민족의 영웅일 수는 없다.

이 같은 입장에서는 이미 대화의 가능성이 인정될 수 없었다. 그리고 이 듬해인 1939년 가을에는 나치스 독일의 손에 의해 제2차 세계대전이 개시되었다. 이에 역사교육을 민족주의로부터 해방시키려는 시도는 다시 패배 선고를 받았다. 제1차 세계대전과 제2차 세계대전 사이의 활동은 분명히 평화로 나아가려는 의지에 의해 유지되었지만 그것 자체가 평화를 창조하는 데에까지 이르지는 못했다. 그리고 민족에 대한 의지가 평화에 대한 의지를 이긴 순간에 그 평화를 위한 활동은 존속의 기초를 잃어버렸던 것이다.

일찍이 프랑스 교사를 이끌고 독일 역사가와의 대화를 진행시킨 라피에르는 전쟁 중에 붙잡혀 다하우 강제수용소에서 종전을 맞지 못한 채 세상을 떠났다. 그는 죽기 1년 전에 동료 앞으로 한 통의 편지를 썼다.

국제적인 대립을 끝맺고 최종적으로 평화로운 국제 사회를 확립하려 했던 1920년대의 노력이 실패한 것이 우리의 확신을 흔들거나 실망시키지는 않는다. …… 인류의 잘못은 인내력이 없다는 것, 노력한 뒤에 곧바로 효과를 기대하는 데에 있다. 인류의 진보는 한 세대로 달성되는 것이 아니라 오랜 역사 속에서 달성되는 것이다.

제1·2차 세계대전 사이에 벌어진 활동의 의의

이렇게 보면 제1·2차 세계대전 사이의 대응은 아무런 성과를 거두지 못했던 것처럼 생각될지도 모른다. 사실 중도에서 좌절된 경우는 많다. 그렇지만 수많은 실패를 거듭하는 한편, 성공으로 인정되는 예도 분명히 있다.

그 중에서도 유명한 것은 북유럽 나라들의 활동이다. 제1차 세계대전이 끝난 직후인 1919년에 역사교과서 문제가 노르웨이에서 스웨덴과 덴마크를 향해 제기되었고, 이는 1933년에 역사교과서의 상호 검토로 실현되었다.

더욱이 북유럽의 활동에서는 단지 기존의 교과서를 교환해서 검토하는 것뿐 아니라 이후에 새로 출판되는 교과서는 사전에 이웃나라 전문가위원회의 검정을 받는 제도가 도입되었다. 실제로 이 구상에 근거하여 1933년부터 1935년까지 3년 동안 126권의 교과서가 인쇄 전에 국제적인 검토에 부쳐졌다.

이러한 결과는 당시 북유럽 내외에서 큰 성공으로 간주되었다. 그것은 구체적인 성과를 거두지 못한 채 끝나버린 국제연맹의 활동이나, 실패할 운명이었던 독일-프랑스 대화 등 당시 세계 각지에서 동시에 진행된 다양한 활동에 관여한 사람들의 눈에는, 가능성이 있는 것 ─ 무수한 실패 사례가 필연은 아니었던 것 ─ 으로 비쳤다.

앞에 썼듯이, 공교육이라는 틀 속에서 역사교육은 주로 자기 국민·자기 국가를 찬미하는 형태로 성립되었다. 그러나 북유럽 국가의 예는 그러한 역사교육의 모습이 불변은 아님을 분명히 했다. 그리고 여기서 싹튼 희망은, 제2차 세계대전 이후 국제 역사교과서 대화의 발전으로 이어져갔다.

국제 역사교과서 대화란

이제까지 제2차 세계대전 이전의 국제 역사교과서 대화를 살펴보았다. 하지만 '국제 역사교과서 대화란 도대체 어떤 것인가?'라는 물음에 답하기는 의외로 어렵다. 두 세계대전 사이에서 오늘날에 이르는 갖가지 활동에서 그 주체나 형태 혹은 목표가 실로 너무나 다양하기 때문이다. 특히 제2차 세계대전 이후에[4] 유럽에서 일어난 국제 역사교과서 대화의 중심지가 되었던 독일에서도 1950~60년대에 걸쳐 '국제 교과서 개정(Internationale Schulbuchrevision)'이나 '국제 교과서 개선(Internationale Schulbuchverbesserung)'이라는 말이 사용되었지만, 1970년대 중반 이후에는 일반적으로 '국제 교과서 연구(International Schulbuchforschung)'라는 용어로 통용되었다. 이와 같은 용어 변천의 배경에는 그 활동을 뒷받침하는 의식의 변화가 있었다.

이하 본론에서는 이러한 변화에 대해서도 확인해 나가겠지만, 세계 각지의 다양성이나 시기에 따른 질적인 차이를 포함하는 큰 정의를 굳이 내리려 한다면, 그것은 다음과 같이 표현할 수 있을 것이다. 즉 국제 역사교과서 대화란 우선 여러 나라의 역사 연구자, 교사, 또 경우에 따라서는 교과서 출판사나 행정부의 대표도 참가하여 국제적인 회의를 열고 각국의 역사교과서나 그 밖의 교재 속에 존재하는 자국 중심주의적인 기술을 서로 지적하는 것을 통해 객관적이며 공정한 이해에 도달하는 것을 지향하는 활동을 말한다. 그리고 이러한 활동은 대부분의 경우에 당연히 교과서의 글귀 정정에 만족하지 않고, 거기에 나타나는 역사 이해의 개선을 통해 역사교육 전체를 민족주의로부터 해방시켜 보다 평화적으로 만드는 것, 나아가 사람들의 역사 이해를 보다 열리게 하는 것을 궁극적인 목표로 한다.

그러면 우선 전후 독일(주로 서독)에서 있었던 국제 역사교과서 대화의 발전과정에 눈을 돌려보기로 한다.

4__ 이 뒤부터 '전후'로 표기한다.

1부

과거극복과 교과서 대화

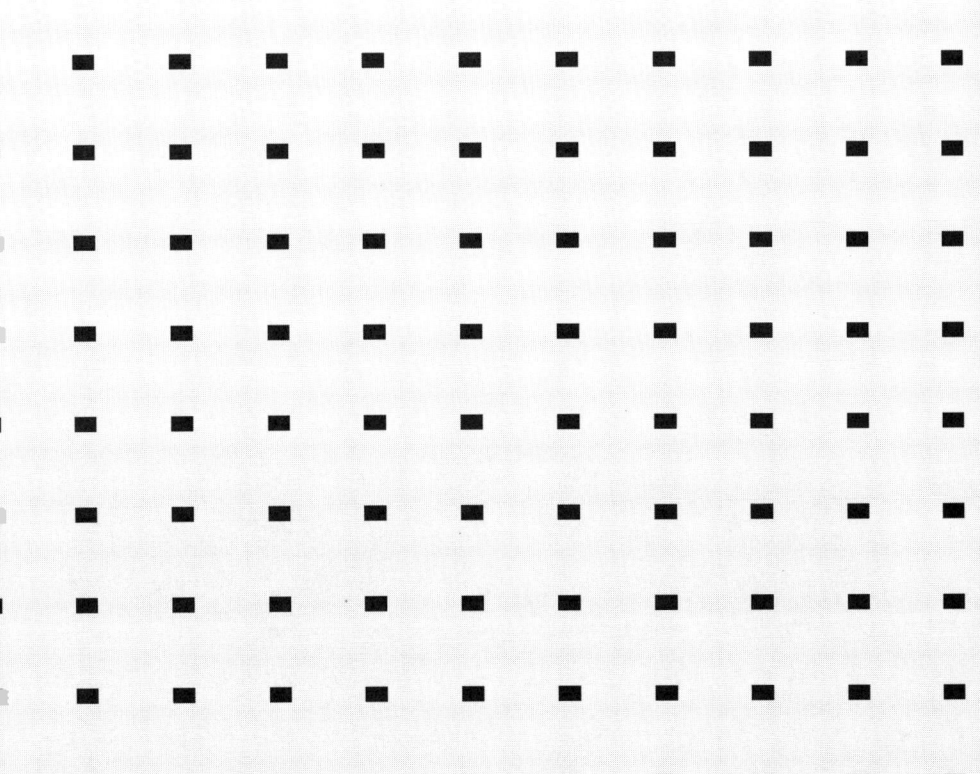

1장 | 전후 독일에서 대화를 다시 열다

두 번의 패전

1945년 4월 30일 히틀러가 베를린의 총리 관저 지하의 전용 벙커에서 자살하고, 약 1주일 뒤에 독일은 무조건 항복했다. 이렇게 해서 제1차 세계대전의 결과인 베르사유 체제를 타파하려 했던 나치스에 의해 독일은 다시 패전국의 위치에 처했다.

그러나 1945년의 패전은 1918년의 패전과는 기본적으로 다른 의미를 가지고 있다. 페터 벤데르(Peter Bender)의 표현을 빌리면, 제1차 세계대전 당시 독일은 동부에서는 이겼고 서부에서는 때를 놓치지 않고 항복했다. 독일은 정복되지 않았고 국가도 존속되었다. 전쟁책임이 일방적으로 독일에 있다는 협상국 측의 주장에는 반론을 제기할 만한 근거가 있었고, 분명히 전쟁에 패하긴 했지만 '용기'를 잃지도 않았다. 그리고 이 용기는 다시 한 번 독일을 위대한 나라로 만들고자 시도해볼 수 있는 권력과 가능성을 히틀러에게 주었다. 그러나 1945년의 독일인들에게는 이미 그런 용기가 남아있지 않았다.

뉘른베르크 군사재판이나 이어지는 전쟁범죄자(전범) 추궁과정에서 나치스의 만행이 차례차례 밝혀졌는데, 이는 이번 전쟁에서 독일 국민이 군사적으로 뿐만 아니라 도덕적으로도 완전한 패배를 맛보았음을 의미했다. 제1차 세계대전 때처럼 '배신자가 등 뒤에서 가한 일격(Dolchstoßlegende, 匕首傳說)'으로 패전의 책임을 전가하는 것은 불가능할 뿐 아니라 무의미한 일이었다. 오히려 그와 같은 책임 전가에 의해 유지되어온 그때까지의 독일 국가와 국민의 모습 그 자체에 비판의 눈길이 돌려졌다.

이 새로운 상황 속에서 국제 교과서 대화의 가능성이 생겨났다. 1926년 프랑스의 요청을 거부했던 독일의 역사가나 교사들이 이번에는 그 목소리에 호응하고, 나아가 그것을 자기 것으로 삼아 세계에 펴 나가게 된다.

점령 정책

패전으로 인해 독일은 미국·영국·프랑스·소련의 4개국에 의해 분할 점령되었는데, 그 서부, 즉 미군·영국군·프랑스군의 점령 지구에서는 각각의 군정 당국에 의해 역사교과서를 둘러싼 국제 대화의 실마리가 주어졌다. 이른바 탈나치화의 일환으로 마련된 '재교육' 정책이다.

이들 3개국의 기본자세가 반드시 일치하지는 않았다. 미국이 가장 열심히 민주화를 추진하여 미국식의 '민주적인' 생활양식을 선전한 데 비해, 프랑스군정 당국은 외국어, 특히 프랑스어 교육 확대에 중점을 두고 한정적인 활동을 전개했다. 그에 비해 영국군정 당국은 독일의 민주화, 특히 교육 민주화는 독일인만이 할 수 있다는 기본 이해에 서서 자기 이념을 선전하는 데에 신중했다고 한다.

다만 나치즘에 대한 단호한 부정과 독일 국민의 민주화는 불가분의 관계에 있다는 점에서 각국의 인식은 일치했다. 요컨대 독일에서 두 번 다시 나치즘과 같은 위험이 생기지 않도록 하기 위해서는 나치스에 의해 만들어진 정치·사회체제를 변혁하고 나치당원을 처벌하는 것만으로는 불충분하며, 역사적으로 독일 국민 전반에 형성되어 있던 비민주주의적·권위주의적인 세계관을 고칠 — 독일인을 민주화할 — 필요가 있다는 기본 이해가, 학교교육을 중심으로 하는 교육·문화 시스템 전반에 대한 재교육 정책을 요구한 것이다. 이 재교육 정책이 시행되는 가운데 각 점령 지구에서는 군국주의적인 내용이나 나치즘의 세계관을 반영한 기술이 들어 있는 교과서가 전부 사용 금지되었다. 이것은 특히 역사교과서에 적용되는 것이었다. 영국과 미국은 패전국이 된 독일의 교육 분야에 주목하여 제2차 세계대전 이전의 독일 역사교과서에 대한 조사를 했는데, 그 결과 사용가능한 역사교과서가 존재하지 않는다는 결론에 도달했다. 이렇게 해서 점령군이 납득할 수 있는 역사교과서를 새로, 더욱이 긴급하게 만드는 것이 요구되었다.

하나의 가능성은 제2차 세계대전 이전에 연합국 측에 이주한 독일인 역사가에게 교과서 집필을 의뢰하는 것이었다. 사실 점령 직후에는 뉴욕에 체류하고 있던 독일인 역사가를 중심으로 편집이 진행되고 있던 역사교과서의 사용이 진지하게 검토되었다. 그러나 이 계획은 실현되지 않았다. 자신들이 지금 경험하고 있는 파국의 원인이 나치스와 나치스를 지지한 자신들에게 있다고 이해하던 많은 독일인, 특히 교사들조차 국내에 남아서 나치스와 싸우지 않고 전시 이래 계속된 곤궁에 처하지 않았던 망명자의 손으로 쓴 교과서를 받아들이기는 어려웠다. 이러한 반발을 앞에 두고 미국과 영국 두 나라의 군정 당국도 기세가 완전히 꺾인 독일 국민에게 재교육의 강제라는 이미지를 주는 것은 좋은 계책이 아니라고 판단하지 않을 수가 없었다.

결국 점령군은 시간이 걸리는 일이긴 하지만 독일인 역사가에게 새 교과서 집필을 의뢰했다. 그리고 각 연합국은 타이프라이터나 용지와 같은 물자원조 외에 최신 학술서 ─ 나치스에 의한 분서焚書나 공습으로 인해 당시 독일에는 학술서가 극도로 부족했다 ─ 를 점령 지구의 독일인 역사가에게 제공하는 사업을 개시했다. 이 학술지원은 마침내 서적의 증여를 넘어 전쟁 개시 이래 두절된 인적 교류로 발전해갔다. 점령군 중에는 이미 많은 연구자들이 활동하고 있었는데, 그들과 독일 연구자들의 교류를 계기로 본국의 역사학회나 교원단체와 독일 역사가들 사이에 교류의 길이 열리고 거기서부터 국제 역사교과서 대화가 시작된 것이다. 특히 영국군정 당국의 교과서과教科書課는 영국역사학회와 독일 역사가들을 중개하여 1949년에 국제역사가회의를 개최했고, 또 프랑스군정 당국의 공교육과公教育課도 프랑스전국교원노동조합과 독일교원노동조합을 연결하는 역할을 했다. 후자는 1950년에 전후 제1회 독일-프랑스 역사교과서 대화로 결실을 맺었고 그것이 오늘날까지 이어지는 두 나라 사이의 대화에 출발점이 되었다.

국제교과서연구소 설립

연합국의 주도로 개시된 국제 역사교과서 대화였지만, '재교육은 강요되어서는 안 된다'는 원칙대로 독일인 역사가들이나 교사들이 적극적으로 참가했다. 그들 중에서도 중심적인 역할을 한 사람이 현재의 게오르크 에케르트 국제교과서연구소에 이름을 남긴 에케르트다. 독일 근현대사 연구자였던 에케르트는 구서독 동북부에 위치하는 브라운슈바이크 대학에서 역사를 가르쳤으며, 그 고장의 역사 교사들과 함께 점령 영국군에게도 협력했다.

그는 1948년 도르트문트에서 열린 독일교원노동조합대회에서 역사교육위원회 위원장에 취임하자 프랑스를 비롯한 각국의 역사가들이나 교원들 사이의 국제 역사교과서 대화를 정력적으로 진전시켰다. 그리고 1951년에는 자기 대학에 '국제교과서개선연구소'(뒤에 국제교과서연구소로 개칭)를 설립하여 소장 지위에 올랐다. 이 연구소의 예산은 설립 초기에는 교원노동조합연합에 의해 조달되었는데, 1953년에는 벌써 브라운슈바이크시와 이 시가 위치한 니더작센주 교육부가 재정지원을 시작했다.

이는 국제 역사교과서 대화라는 활동이 분명히 국제적으로 활동하는 역사가나 교원노동조합의 관심사로서 시작된 것이기는 하지만, 일부 진보적인 계층에 그치지 않고 넓은 사회적 지지를 얻고 있었음을 시사한다. 앞에서 기술했던 1950년 프라이부르크에서 열린 제1회 독일-프랑스회의에 출석한 독일인 참가자들도 대부분 각 주 정부의 지명에 의해 예산을 받아 회의에 참석했다. 그리고 설립 당시 연구소의 임무는 다음과 같이 규정되었다.

1. 역사가, 역사 교사, 역사교과서 집필자의 국제회의(대개 2국간의 회의)를 개최하여 특정 시대나 문제에 관한 역사교과서의 기술을 개선하기 위한 권고를 작성할 것.
2. 국제적으로 교과서를 교환하여 상호 논평을 가하고, 또 교과서 발행자나 저자와 일상적으로 협의할 것.
3. 교과서를 둘러싼 회의나 국제적인 교류의 성과를 정리하여 간행할 것.(1951년 이래의 연구소 기관지 『국제역사교육연보』가 그 중심이 된다.)
4. 교과서 비교분석의 위탁을 받아 연구 성과를 공간公刊할 것.
5. 국제적인 교과서도서관으로서, 또 교과서 개선에 관한 자료나 문헌을 수집하는 문서관으로서의 기능을 할 것.

이 규정에 나와 있는 대로 국제교과서연구소는 전후 일찍부터 프랑스나 영국 혹은 북유럽 국가나 베네룩스 3국(벨기에, 네덜란드, 룩셈부르크)을 비롯한 서방 여러 나라의 역사가들을 주된 파트너로 민족주의에 의해 왜곡된 교과서 기술을 개선하기 위한 2국간 대화를 해 나갔고, 그 외에 뒤에 기술하는 바와 같이 유럽평의회를 중심으로 한 유럽 규모의 다국간 대화에도 적극적으로 참가하고 있다. 오히려 많은 대화는 에케르트나 그가 이끄는 독일 역사가들이 주도권을 쥐고 시작했다고 보아도 좋을 것이다. 국제 역사교과서 대화는 점령군의 영향을 받아 시작되었지만, 아주 짧은 기간 만에 독일이 그 중심에 서게 되었다.

수많은 2국간의 대화나, 유럽이나 국제연합(특히 그 산하기구인 유네스코— 에케르트는 나중에 서독 유네스코 국내위원회 위원장으로도 취임했다)에서의 다국간 대화가 거듭되는 가운데 국제교과서연구소의 활동은 독일 내외에서 높이 평가받기에 이르렀다. 1965년에는 유럽평의회로부터 교과서와 그 밖의 교재에 대한 정보수집과 홍보 활동을 위한 교과서 센터로서 승인받고, 또 1973년에는 독일노동조합총연맹 문화상을, 1965년에는 유네스코 평화교육상을 수상했다.

오늘날의 국제교과서연구소

이와 같이 브라운슈바이크의 국제교과서연구소는 국제 교과서 대화라는 활동에 의해 순조롭게 그 지위를 굳혀갔다. 그러나 재정 면에서 보면 니더작센주와 브라운슈바이크시의 보조를 받고 있긴 했으나 법률적인 근거가 없는 불안한 상태였던 것도 사실이었다. 그러한 상황 아래 1974년 1월 7일 에케르트가 대학에서 강의하던 중 쓰러져 곧 불귀의 객이 되었다.

에케르트의 죽음을 계기로 그때까지 재정지원을 계속해온 니더작센주가 연구소를 법적 지위를 지닌 기관으로 만드는 준비를 시작했다. 니더작센주 의회는 이듬해인 1975년 6월 26일에 이 연구소를 에케르트의 이름을 따서 '게오르크 에케르트 국제교과서연구소'라 개칭한 다음, 거기에 주립 연구소 지위를 부여하는 법률을 제정했다. 이 게오르크 에케르트 국제교과서연구 소 설치법에 적혀 있는 연구소의 임무(제2조)는 1951년의 규정에서 크게 변경되지 않았다. 그러나 거기에 다음과 같은 한 구절이 들어간 것은 주목할 만하다.

　제2조 2항　연구소는 그 임무의 범위 내에서 다른 주 및 연방의 관계 관청 및
　관련이 있는 각 대학과 협력한다.

이 조항은 게오르크 에케르트 국제교과서연구소가 니더작센주의 주립연 구소인 동시에 당시 서독(그리고 오늘날의 독일)을 대표하는 성격을 지닌 기 관임을 나타낸다. 설치법 제1조 3항에는 "다른 주는 …… 니더작센주와의 협정에 의해 이 연구소에 대해 공동책임을 질 수 있다"라고 적혀 있어, 여 기서도 니더작센 이외의 각 주가 이 연구소를 재정적으로 지원할 수 있는 동시에 연구 성과를 활용할 수 있음이 확인된다.

설립 시점에서 니더작센 이외에 브레멘, 함부르크, 서베를린,[5] 헤센, 노르

5__　베를린은 독일의 통일 과정에서 동베를린과 서베를린이 통합하고 나서야 연방주의 지위를
　　부여받았다.

트라인-베스트팔렌, 라인란트-팔츠의 6개 주가 지지를 표명했다. 이는 〔서부지역의 총 10개 연방주 가운데〕 다른 4개 주가 이 연구소의 지지에 가담하지 않았다는 의미이기도 한데, 그 원인으로 1975년이라는 시기가 뒤에 기술하는 폴란드와의 대화 때문에 국제교과서연구소의 활동을 둘러싼 큰 논쟁의 한가운데였음을 생각해볼 수 있다. 요컨대 사회주의 국가인 폴란드와의 국제 역사교과서 대화로 인해 보수계의 독일기독교민주연합과 독일기독교사회연합이 여당을 형성하고 있던 주에서는 이 연구소에 대한 반발이 생긴 것이다.

그러나 사태가 진정되고 각 주에서 정권이 교체되는 등 상황이 변하면서 설립 당초에는 지지하지 않던 주 중에도 새로 지지하는 주가 나타났다. 1970년대에 주의회에서 여당인 기독교민주연합이 폴란드와의 대화를 격렬하게 비판했던 슐레스비히-홀슈타인주가 1986년에 연구소에 대한 지지를 표명했고, 이듬해인 1987년에는 자를란트주도 지지에 가담했다. 또 동서독 통일 후에는 1992년에 브란덴부르크가 구동독의 주로서는 처음으로 지지에 가담한 외에, 1995년까지 작센, 작센-안할트, 튀링엔 등 구동독의 3개 주도 지지를 표명하여, 전체 16개 주 중에서 13개 주가 게오르크 에케르트 국제교과서연구소를 지원하게 되었다.

물론 연구소의 활동을 지지하는 주라고 해서 국제 교과서 대화로 거둔 성과 중 하나인 각국의 교과서를 위해 작성된 여러 가지 개선의 제안, 즉 '교과서 권고'를 실제로 행정에 반영시킬 의무는 없었다. 확실히 각 주의 교육부가 권고나 연구 성과를 근거로 뭔가 시행하는 — 예를 들면 권고문을 주 안에 있는 각 교사에게 보내어 수업에 참고하게 하는 조치를 취하는 — 것이 바람직했겠지만, 연구소의 전前 소장 칼-에른스트 야이스만(Karl-

덴마크
북해
발트해
킬
슐레스비히 ·
홀슈타인
메클렌부르크 ·
포어폼메른
함부르크
함부르크
슈베린
네덜란드
브레멘
브레멘
니더작센
폴란드
베를린
포츠담
베를린
하노버
마크데부르크
브란덴부르크
노르트라인 ·
베스트팔렌
작센안할트
뒤셀도르프
튀링엔
작센
드레스덴
에르푸르트
헷센
라인란트 ·
팔츠
비스바덴
마인츠
체코
자를란트
자르부뤼켄
바이에른
슈투트가르트
프랑스
바덴 ·
뷔르템베르크
뮌헨
오스트리아
스위스
리히텐슈타인
구 동서 국경
0
100km

독일의 각 주와 주도

Ernst Jeismann)에 따르면, "권고는 설득력에 의해 교사나 교과서 출판사, 교과서 집필자의 관심을 끌고 더 나아가서는 교과서 기술에 영향을 끼쳐야 하는 것"임을 인식하며, 법적 조치를 통해 권고에 구속력을 가하려는 유혹에 굴한 적은 없었다고 한다.

끝으로 오늘날의 연구소 규모와 연구 활동에 대해 기술해두겠다.

다면적인 활동으로 인해 세계적으로 유명하며 또 외국에서 오는 방문객이 끊이지 않는 게오르크 에케르트 연구소이지만, 연구소 인원수는 놀랄만큼 적다. 상근하는 연구원은 역사·지리·사회과학의 전문영역에 각각 2명씩 총 6명이며 소장을 포함해도 7명뿐이다. 요컨대 교과서를 상호 분석하고 거기서 편견을 끄집어내는 두 나라 사이의 대화를 진행시키는 데 있어 이 연구소는 일종의 창구로서 독일 측의 연구자를 조직할 뿐이지, 연구소의 연구원만으로 외국의 파트너와 회의를 진행시키는 것은 아니다. 그것은 에케르트 시대부터 마찬가지였다. 유명한 폴란드와의 대화에는 1972년부터 1976년까지의 초기단계에만 서독으로부터 40명 이상의 전문가가 참석했다.

이와 같은 2국간 대화에다가 근래에는 유럽통합의 진전을 배경으로 많은 주목을 받고 있는 이른바 유럽 교육이나 환경 교육, 인권 교육, 다문화 교육, 외국인의 모국어와 같은 더 보편적이며 오히려 세계 공통의 교육과제라 할 만한 문제들에 대한 다국간의 협력이 연구소의 일 가운데 큰 비중을 차지하게 되었다. 이것은 50년 가까이 활동을 거듭한 결과 이웃국가들과의 사이에는 일단의 성과가 이미 존재하며, 그와 동시에 유럽통합이나 지구 규모로 진행되는 탈국경화의 결과로서 종래의 2국간 대화로는 대응할 수 없는 중대한 문제가 발생하고 있는 근래의 상황에 대응하기 위해서이다. 그 결과 연구원들은 종래의 2국간 프로젝트와 병행하여 복수의 주제별 프로젝트에 대해서도 연구조직을 구성하여 운영을 맡고 있다.

　게오르크 에케르트 연구소는 각국의 교과서 수집에 충실한 것으로도 유명하다. 필자처럼 독일에서 멀리 떨어진 지역에 사는 연구자가 여러 차례 이 연구소를 방문하는 최대 이유는 연구소 부속 교과서도서관이 가지고 있는 풍부한 교과서 컬렉션 때문이다. 그곳에서는 1996년 현재 세계 90개국의 13만 권에 달하는 역사, 지리, 사회과 교과서를 자유롭게 열람할 수 있는데, 이만한 컬렉션은 세계 어디에도 없다. 특히 독일의 역사교과서에 대해서는 18세기까지 거슬러 올라가는 제2차 세계대전 이전의 교과서 1만 8,000권 외에, 1975년 이후에 출판된 모든 교과서를 소장하고 있다. 더욱이 독일을 중심으로 세계 각국에서 진행되어온 교과서 연구에 관한 4만 7,000권의 장서도 다른 시설에서는 볼 수 없는 규모를 자랑하며, 이러한 자료와 전문적인 지식을 갖춘 사서에 의해 국제 교과서 대화가 뒷받침되고 있다고 말할 수 있다.

서독의 외교방침

　이제까지 살펴본 바와 같이, 점령군으로부터 받은 자극에 의해 독일에서 본격적으로 시작된 국제 역사교과서 대화는 에케르트를 중심으로 한 독일 역사가들의 노력도 있어서 순조롭게 발전해왔다.

　그것에 비해 제2차 세계대전 이후 국제연맹과 지적협력국제위원회의 활동을 계승한 국제연합과 유네스코는 1950년대에야말로 역사교과서 세미나를 개최하는 등 전 세계적 규모의 국가간 대화를 추진하려 했지만, 1960년대에 들어 냉전체제가 심화되고 제3세계에서 민족주의가 고조되는 가운데 적어도 일시적으로 국제 역사교과서 대화로부터 철수하지 않을 수 없었다. 즉, 다시 세계를 '국가 간의 투쟁이 벌어지는 자리'로 이해하는 사고가 여러 국민 사이에서 중요성을 더해가는 가운데 자국의 세계관이나 가치관을 뒤흔들지도 모르는 국제 역사교과서 대화는 국가 집합체로서의 국제연합이 손대기 어려운 위험한 영역으로 들어가버린 것이다.

이런 사정은 일본에도 들어맞는다. 1950년에 브뤼셀에서 열린 세미나에 참가한 일본의 가쓰타 슈이치勝田守一(1908~1969, 교육학자)는 거기서 에케르트를 만났다. 더욱이 브라운슈바이크의 국제교과서연구소 연보를 보면, 1953년에는 독일 유네스코 국내위원회의 초청으로 일본인 역사가 5명이 브라운슈바이크를 방문하여 독일 역사가들과 함께 두 나라의 교과서 기술을 개선하기 위한 권고를 정리했음을 알 수 있다. 또 1965년에는 일본과 한국의 유네스코 국내위원회 사이에서도 역사교과서 대화를 진행시켜나갈 계획이 대두되었다. 그러나 같은 해에 시작된 이에나가家永 교과서 소송6으로 상징되는 일본 내의 자국상을 둘러싼 대립 때문에 일본 측이 곧바로 무기한 연기를 선언하여 오늘에 이르고 있다.

이처럼 제1차 세계대전 후와 마찬가지로 제2차 세계대전 종결 직후에도

6__ 일본의 역사학자 이에나가 사부로家永三郎(1913~2002)는 1962년에 문부성(현 문부과학성)에서 자신이 저술한 고등학교용 역사교과서인 『신일본사新日本史』를 검정하여 그 내용 가운데 일본의 대외침략 사실을 서술한 부분들을 삭제하거나 수정하라고 요구하자, 1965년에 이러한 문부성의 행태에 반발하여 일본의 학교용 교과서 검정제도는 일본국헌법을 위배하는 제도이므로 폐지해야 한다는 소송을 제기했다. 이 소송은 이후 1997년까지 32년 동안 진행도었고, 일본 사법부는 이에나가 사부로의 패소로 최종 판결을 내리고 끝났다. 이 소송은 진행과정 동안 일본이 대외침략을 자행했다는 사실을 많은 일본인들이 자각하게 하는 영향을 끼쳤다.

다시 일시적으로 국제 역사교과서 대화에 유리한 환경이 세계적으로 형성
되었지만, 그것은 급속하게 소멸해갔다. 그러한 가운데 왜 독일에서만 국제
역사교과서 대화에 대한 의지가 계속 발전했을까? 이 물음에 대해서는 전
후 서독의 국가 그 자체를 검토할 필요가 있다. 더욱이 여기서는 서독이라
는 국가 성립, 즉 독일의 동서분열이라는 현상에 주목해야 할 것이다.

1945년 5월 8일 전투가 종결된 뒤 독일은 6월 5일의 선언[7]에 의해 4전승
국에 의해 분할 점령되었다. 그리고 4년에 걸친 점령기간을 거쳐 서방 3국
의 점령지역에서 서독이, 소련 점령지역에서 동독이 성립되었는데, 1945년
시점에서는 이와 같은 미래가 확정된 것은 아니었다. 서방 3국과 소련의
점령 정책 사이에는 분명히 큰 사고의 차이가 있었지만 연합국 관리이사회
에서의 협력 관계도 존재했다.

그런데 냉전이 진행되는 가운데 1947년 모스크바에서 개최된 4개국 외
무장관 회담이 대對 독일 강화 문제로 결렬되고, 게다가 결렬된 지 얼마 되
지 않은 사이에 마셜 플랜[8]이 발표됨으로써 독일은 분열방향으로 나아가기
시작했다. 그리고 이듬해인 1948년 3월 20일에 소련이 연합국관리이사회에
서 탈퇴함으로써 4국에 의한 관리체제는 붕괴되었다. 그 뒤 서방 3국의 점
령지역에서 통화개혁이 행해지고, 이에 대항하는 형태로 소련에 의한 베를
린 봉쇄, 나아가 소련 점령 지구에서도 통화개혁이 실시되기에 이르러 독

7__ 독일을 점령한 4개국 군대들의 최고사령관들이 이날 베를린에 모여서 발표한 '베를린 선언
(Berlin Declaration)'을 가리킨다. 이 선언의 내용은 독일인들의 자율적 독일통치를 인정하
지 않고, 점령 4개국이 독일을 공동 통치하겠다고 천명한 것이다. 이 선언은 연합국관리이사
회(Allied Control Council, ACC / Alliierter Kontrollrat)를 설치하는 근거가 되었다.

8__ 마셜 플랜(Marshall Plan)의 정식 명칭은 유럽부흥계획(European Recovery Program, ERP)이
다.

일의 동서분열은 결정적인 것이 되었다.

이와 같은 긴박한 상황하에서 미국, 영국, 프랑스의 관리 아래에 있던 서부 독일을 중심으로 1948년 9월 20일에 헌법제정회의가 소집되고 이듬해인 1949년 9월에 독일연방공화국(서독)이 성립했다. 여기서 아데나워 총리가 탄생했다. 1963년까지 계속되는 아데나워 정권은 '총리 민주주의' 혹은 '재상 민주주의'라는 평가를 받았고, 그 권위적인 성격은 종종 비판의 대상이 되었다. 이러한 평가는 대체로 타당하다고 볼 수 있다. 선거에 이기기 위해서라면 잘못인 줄 알면서도 사회민주당을 소련 첩자인 것처럼 선전하고, 일단 승리한 뒤에는 이른바 기적의 경제부흥을 강조하면서, 거기에 가부장적이라고도 일컬어지는 정치수법을 관철했다. 그러나 이 정권을 바라볼 때 비민주주의적이고 부정적인 측면뿐 아니라 미래를 지향하는 새로운 면에도 눈을 돌릴 필요가 있다.

아데나워는 서독의 완전한 주권회복과, 나아가 서유럽 국가들과 대등한 파트너로서의 지위를 최우선하는 정책을 추구했다. 이 목표를 위해 경제적으로는 국유화 정책에 반대하고 시장경제를 추진했으며, 군사적으로는 북대서양조약기구인 NATO에 가맹함으로써 재군비를 달성했다. NATO 가맹에 따라 서독은 주권을 대부분 회복하게 된다.[9]

그러나 이러한 방침은 동서독 사이의 골을 더욱 깊게 하여 재통일[10]을 한층 어렵게 만들었다. 그 점은 아데나워 자신도 충분히 인식하고 있었다. 이 점에 대해서 그는 1945년 시점에서 이미 유럽이 동서로 분할된 이상 독

9__ 독일은 1990년의 통일 이후에야 완전한 국가주권을 회복할 수 있었다.

10__ 독일어권에서는 1871년에 프로이센이 주도하여 달성한 독일 통일을 고려하여, 1990년에 동독과 서독이 단일국가로 결성된 사건을 '재통일(Wiedervereinigung)'이라고 한다.

일 통일도 불가능하다고 이해하고 있었다. 요컨대 국민심리를 파악하고 있던 그는 선거 전술로서는 독일의 재통일을 내세웠으나 사실은 그것에서 가치를 찾지 않았던 듯하다.

이러한 판단은 쾰른 태생에 가톨릭신자라는 그의 성장내력과도 관계가 있다. 아데나워에게 동독 지역, 즉 프로테스탄트의 프로이센은 결코 친근한 지역이 아니었다. 더욱이 그곳에서는 '무신론의 공산주의자'가 세력을 뻗치고 있어서, 그러한 동독과의 통합은 서독에 오히려 재앙을 끼칠지 모른다는 생각이 머릿속에 있었을 것이다. 그러나 여기서 확인해야 하는 것은 그가 국가 통일이라는 민족주의적인 가치보다도, 자유롭고 민주주의적인 사회형성이라는 보편적인 가치를 중시했다는 점이다. 이와 같은 태도는 제2차 세계대전 이전의 쾰른 시장 시대부터 유지되었다. 나치스가 대두하는 가운데 그가 나치즘을 단호하게 거부하고 그 결과 나치스에 의한 박해를 받았던 사실은 유명하다.

또 그의 반나치스 자세는 단지 나치즘이 독일 국민에게 파국을 초래했기 때문만이 아니라는 점을 염두에 두어야 한다. 전후에는 국제정세의 요구도 있었지만 아주 어려운 재정상황에서도 스스로 이스라엘과 유대인에 대한 배상문제에 적극적으로 매달리는 자세를 보였다는 점에서 나치즘 사상 자체, 그리고 그 확대를 막을 수 없었던 것에 대한 반성의식을 간파할 수 있다. 원래 그는 국민으로서의 독일인을 신뢰하지 않았다고도 한다. 독일에는 군국주의 전통이 있어서 그 자신 속에 잠재해 있는 위험한 경향으로부터 스스로를 지키기 위해서는 서독을 명확하게 자유주의 지역인 서유럽 속에 자리매김할 필요가 있다고 생각했다. 그런 의미에서 그는 반공주의적이고 보수적인 정치가였지만, 단순한 내셔널리스트는 아니었다. 여기에서 세계의 여러 나라가 냉전이나 민족 독립의 조류 속에서 내셔널리즘으로 회귀하고 그 과정에서 국제 역사교과서 대화의 장을 떠나갈 때, 유독 서독에서만 교과서 대화의 의지가 발전했던 상황을 이해할 수 있게 된다.

더욱이 구체적으로는 아데나워의 서방 정책, 즉 프랑스를 중심으로 하는 서유럽 국가들과의 관계개선을 첫째로 고려하는 외교 방침이 국제 교과서 대화에 유리한 환경을 제공했다. 그 중에서도 1954년에 체결된 독일−프랑스문화협정에는 다음과 같은 구절이 있다.

> 제13조　협정 당사국은 국내법이 허용하는 범위 내에서 이용 가능한 방법을 써서 모든 교육기관에서 상대국을 보다 객관적으로 기술하고 역사교과서를 중심으로 하는 교과서 속에서 감정적인 성격에 의해 두 나라 국민의 양호한 관계를 해칠 우려가 있는 기술이 제거되도록 배려한다.

이 문화협정이 체결되기 4년 전에 이미 두 나라의 교원노동조합을 중심으로 하는 역사가들에 의해 국제 역사교과서 대화가 시작되었다. 그것은 이미 서술한 바와 같이, 점령 프랑스군의 촉구로 독일 각 주 정부의 지원을 얻은 다음의 일이다. 즉, 당시 서독과 프랑스 사이에는 적어도 역사교과서를 둘러싼 대화에 관해서는 사회민주주의 세력이 강한 교원노동조합부터 두 나라의 정부를 구성하는 보수파까지 광범위한 합의가 존재하고 있었다고 볼 수 있다. 이와 같은 합의는 국제정치적인 차원에서 해석하면 소련과 공산주의의 위협을 하나의 전제로 하여 성립된 것이지만, 나중에 독일−프랑스 추축樞軸이라 불리며 유럽통합을 추진하는 원동력이 되었다.

독일-프랑스 대화의 재개

세 점령국 가운데 미국이나 영국이 유럽과 유럽 속에서 미래를 찾고 있던 서독에 대해 적대적이지는 않더라도 일정한 거리를 두려고 했던 것에 비해, 프랑스는 달랐다. 양호한 국제관계를 배경으로 독일과 프랑스 사이의 대화는 가장 대표적인 국제 역사교과서 대화의 사례로 발전했다.

머리말에서도 말했다시피, 독일과 프랑스 사이에는 1935년의 대화 경험이 있었는데, 거기서 정리된 교과서 권고는 당시 독일에서는 널리 알려지지 않았다. 독일의 많은 교사나 역사가가 그 내용을 알게 되는 것은 1945년 이후 점령하에서였다. 그러나 이미 독일의 정치체제 전환으로 인해 이 권고는 시대에 뒤떨어진 것이 되어버리고 말았다.

그래서 1950년의 제1회 회의에서 두 나라의 참가자들은 1935년의 권고를 바탕으로 새로운 교과서 권고를 작성하고자 시도했다. 이듬해인 1951년 5월에는 파리로 무대를 옮겨 프랑스역사지리교원협회와 독일역사교원노동조합 사이에서, 구체적으로는 소르본대학[11]이나 클레르몽-페랑대학, 스트라스부르대학의 역사가들과, 에케르트를 중심으로 하는 독일 역사가들이 참가하여 1935년 권고의 전반 20항목을 개정하는 작업을 했다. 또 나머지 권고(전체 40항목의 후반)에 대해서는 같은 해 10월 마인츠에서 개최된 제3회 회의에서 다시 토의했다.

그렇다면 나치스 시대인 1935년에 만든 권고와 나치스 이후인 1951년에

11＿ 정식 명칭은 파리대학교(Université de Paris)이다. 1970년에 프랑스 행정부는 이 대학교를 해체해서 13개 대학교(파리 1대학교~13대학교)로 재편성했다.

만든 권고 사이에는 어느 정도의 차이가 있을까? 이 물음에 답함으로써 전후 두 나라의 역사교과서 대화가 이루어진 출발점의 양상을 보다 잘 알 수 있을 것이다.

두 권고의 차이점을 가장 명확하게 드러내는 것이 이른바 제1차 세계대전 개전 시의 '벨기에의 중립 문제'다.

벨기에는 1831년 독립 이래 국제적으로 영세중립을 인정받았고, 프로이센도 서명을 했다.[12] 그런데 프랑스 및 러시아와 동시에 전면전을 하지 않으려는 슐리펜 계획(Schlieffen Plan)에 따라 속공으로 프랑스를 타도하는 작전을 취한 독일은 1914년 8월 프랑스 측의 방어선이 견고한 독일-프랑스 국경선을 피해 멀리 벨기에를 경유하여 북부로부터 프랑스에 공격해 들어갔다. 이는 당연히 조약 위반이다. 그 때문에 독일 정부는 벨기에로 쳐들어가는 순간에 벨기에가 중립의무를 위반하고 프랑스와 군사적으로 협력관계에 있다는 비난을 했는데, 독일 정부의 주장이 과연 타당한지 아닌지 여부가 문제인 것이다.

이러한 역사적인(1935년의 시점에서 보아도 20년이 넘는 이전의 일이다) 사실이 문제가 되었던 것은, 그것이 제1차 세계대전의 전쟁책임론과도 관련이 있기 때문이었다. 유럽에서 벌어진 제2차 세계대전의 최대 책임이 나치스 독일에 있다는 점에는 누구나 동의한다. 그러나 제1차 세계대전에 대해서는 그와 같은 공통 견해가 적어도 자명하게는 존재하지 않는다. 베르사유 조약은 일방적으로 독일 측에 책임이 있다고 했지만, 패전국에서는 일반

12__ 1830년 8월~1831년 11월 벨기에의 독립을 둘러싸고 영국의 제창으로 영국 ·프랑스 ·러시아 ·오스트리아 ·프로이센 사이에 체결된 런던 조약을 뜻한다.

시민은 물론이거니와 많은 역사가들도 납득하지 않았다. 이러한 가운데 패전국과 전승국 사이에는 전쟁 책임의 소재를 둘러싸고 외교문서 등에 근거하는 격렬한 사료 접전이 쌍방의 역사가들도 참가하는 형태로 전개되었는데, 벨기에 중립 문제도 1935년 시점에서 중요한 논점 가운데 하나였다.

이러한 긴장관계를 배경으로 해서 라피에르와 라인만 등이 두 나라의 역사교과서에 대해 밝힌 요구는 다음과 같다.

위원회 참가자는 1914년 8월에 독일군이 벨기에의 중립을 침범한 순간 독일 정부가 벨기에 측의 중립의무 위반을 주장했음을 일치하여 확인했다. 1914년 8월 벨기에에 진주하기로 결정한 것을 정당화하기 위해 이른바 벨기에의 중립성 문제를 논하는 것은 부정확하다.

이 합의는 독일 역사교과서의 기술을 수정하도록 압박하는 것이어서 언뜻 프랑스 측 주장을 지지하는 것처럼 보인다. 그러나 이 합의문 뒤에는 독일 측 유보가 이어진다.

독일 측 유보
1. 독일 측 대표는 (나중에 문서 조사를 통해 증명되었던 것처럼) 벨기에가 실제로 1913년에 영국과 체결하고 분명히 프랑스도 가맹을 맺었을 군사협정 가운데 '예정된 협조 행동'으로 양해되는 의미에서 중립의무를 다하지 않았다고 생각하고 있다.
2. 독일이 벨기에에 진주한 것은 전쟁원인과는 무관하며, 그것은 비상사태 속에서 강제된 독일의 최초의 군사행동 중 하나였다.……
3. 독일에 의한 벨기에의 중립 침해는 …… 영국의 여론과 의회에 전쟁을 통한 해결을 결단하는 아주 좋은 구실을 제공했다. 벨기에의 중립이 프랑스에 의

해 침해되었다고 하면 영국 정부는 간단한 항의성명으로 만족했을 것이라고
했다.

이 유보는 먼저 본 합의를 실질적으로 무의미하게 만들었다. 요컨대 독
일 측 참가자의 이해에 따르면, 독일군의 벨기에 진주를 정당화하기 위해
벨기에의 중립의무 위반을 주장하는 것은 잘못되었지만 실제로 벨기에는
중립의무를 다하지 않았다는 것이 된다. 또 독일군의 벨기에 진주는 당시
에 벌어진 상황의 결과 중 하나였지 전쟁원인은 아니었으며, 그것을 전쟁
원인으로 생각하는 구협상국 측의 태도야말로 비판받아야 하는 것이었다.
이와 같은 독일 측 견해에 대해 프랑스 측도 유보를 표명했다.

프랑스 측 유보
1. 문서에 따르면, 1914년 8월의 영국·벨기에 군사협정의 성격에 대해서는 의문
   의 여지가 없다.
2. 선전 포고에 앞선 프랑스·벨기에 간의 협의 혹은 협정에 관해서는 아무런
   흔적도 존재하지 않는다.……
3. 프랑스 측 참가자는 '군사적 비상사태'로 돌입할 때 중립국에 대해서 행해진
   국제법의 침범과 폭력행위를 정당화하는 것을 인정하지 않는다.

이러한 유보는 합의된 권고에 대한 유보라기보다 독일 측 참가자가 표명
한 유보에 대한 반론으로 이해된다. 40항목으로 이루어진 1935년의 권고에
는 이밖에도 무수한 유보나 양론 병기兩論倂記가 보이는데, 주로 프랑스 측
의 견해에 대해서 이 같은 경향이 나타난다. 이를 통해 당시 독일의 역사
이해에 대한 요구가 역사 연구 성과의 자연스러운 해석과 동떨어져 있었음
을 엿볼 수 있고, 동시에 당시의 대화에 내포되어 있던 근본적인 어려움을

분명히 볼 수 있다.

그에 비해 나치스 독일의 붕괴로 이러한 장애는 단숨에 소멸되었고, 그 결과 마인츠 회의에서 정리된 권고에는 1935년의 권고에서와 같은 유보는 존재하지 않는다. 독일 측의 유보가 없어짐으로써 프랑스 측 유보도 필요성을 잃었던 것이다.

제1차 모로코 위기[13]와 관련하여 행해진 영국과 벨기에 사이의 군사협정에도 불구하고 벨기에가 제1차 세계대전이 발발하기 이전의 몇 년 동안에 실제로 중립 정책을 준수했음은 의심할 여지가 없다.

두 나라에서 온 참가자들은 모든 항목에 대해 '완전한 일치'에 이르렀다고 선언하고 회의를 끝냈다. 그러나 엄밀하게 말하면, 1951년의 권고는 1935년에 작성한 권고의 단순한 수정판이 아니다. 즉, 1935년의 권고가 나치스 성립 이전까지만 취급했던 것에 비해 마인츠에서는 히틀러 정권의 성립까지 취급했다.

1929년부터 1932년에 이르는 바이마르공화국의 붕괴를 이해하기 위해서는 다음과 같은 점에 주의해야 한다. …… 이러한 상황[14]에서 많은 독일 국민이 나치

13__ 탕헤르 위기(Tangier Crisis)라고도 한다. 탕헤르는 지브롤터 해협의 북쪽에 있는 전략 요충지이며 국제적 도시이다. 그 때문에 자주 유럽 열강들의 표적이 되곤 했다. 프랑스가 모로코를 침공하면서 내정개혁을 요구하자, 술탄이 독일에 원조를 요청했다. 그러자 1905년 3월 31일 독일황제 빌헬름 2세가 탕헤르를 방문하면서, 프랑스와 독일의 대립은 위기로 치닫는다. 그러나 다시 프랑스와 영국이 동맹을 강화하면서 독일은 고립되었고, 프랑스의 모로코 지배가 확립되었다.

14__ 세계 경제공황이 독일에 경제적 파국을 초래한 가운데, 우파세력이나 대기업이 세력을 확대한 공산당에 대항하여 자신들의 지위를 지키려고 나치스를 지지한 상황을 뜻한다.(원주)

즘의 진영으로 몰려들었다. …… 그들은 이른바 비스마르크 체제에 대한 날카로운 불신이나, 1918년의 승자에 대한 격심한 증오를 내뱉는 무분별한 선전에 의해 잘못된 길로 인도되었다. 또 그들은 히틀러 속에서 국민 내부의 대립을 극복하고 새로운 독일의 지위를 구축하기 위한 국민의 의사 집행자를 찾아내고 그러한 희망에 홀렸던 것이다. …… 그 지지자들이 그에게 기대하던 독재정치가 끝없는 압정의 확립과 법치국가의 완전한 붕괴를 위해 사용된 데 대해 그를 선택한 국민 대부분은 너무나 늦게까지 깨닫지 못했거나 혹은 과소평가를 하고 있었다.

나치스 독일이라는 최근 역사에 대한 주목은 이때의 회의가 단지 1935년 권고의 재검토를 최종 목표로 삼은 것이 아님을 시사한다. 그것은 실제로 재개된 대화의 출발점에 지나지 않는다. 이 회의와 병행하여 두 나라의 교원단체 간에 상호 검정을 하기 위해 교과서가 교환되었고, 이듬해인 1952년 9월에는 국제교과서연구소가 있는 브라운슈바이크에서 그 결과가 보고되었다.

이때 프랑스 역사가들이 분석한 대부분의 교과서는 1945년 이후에 점령하의 독일에서 작성된 것이었다. 따라서 그 교과서 집필자들은 적어도 나치스에 구애되지 않고 자유로이 자기의 역사 이해를 기술할 수 있었고, 또 1935년 두 나라 사이의 대화에서 행해진 논의도 알고 난 뒤에 집필했을 터였지만, 프랑스 역사가들 입장에서 보면 여전히 적지 않은 문제점을 내포하고 있었다.

그 가운데에는 단순한 사실 인식의 오류 같은 사소한 것도 있었지만, 프랑스인의 눈에 가장 중요하게 비친 것은 본래 쓰여 있어야 하는 것이 쓰여 있지 않다는 점이었다. 예를 들어 어떤 교과서에는 제1차 세계대전의 원인을 언급하며 전전처럼 프랑스에 주된 책임이 있다고 넘거씌우지는 않았지만, 프랑스에 각국의 민족주의를 부추기는 풍조가 있었기 때문이라고 기술되어 있었다. 그러나 실제로 구체적인 예로 언급되는 것은 프랑스의 푸앵카레(제3공화국 제9대 대통령, 재임 1913~1920)뿐이었다. 일반적으로 프랑스의 침략행위나 전쟁책임을 고소하는 데 논거가 되는 사실은 빠짐없이 기술된 데 비해 그와 같은 행위를 정당화할 수 있는 사실이나 독일의 책임을 보여주는 사실은 생략되는 경향을 띤 것이다.

또 브라운슈바이크 지역의 교과서 회사에서 출판되고 교과서 대화에 전향적이었던 교과서도 『독일사(Deutsche Geschichte)』라는 타이틀 때문에 비판을 받았다. 그 교과서를 검정했던 앙드레 오페르에 따르면, 역사교과서의 타이틀에 '독일의'라는 형용사를 쓰는 것 자체가 민족주의적이라는 것이었다.

이 비판은 언뜻 보기에 사소한 것처럼 보이지만, 실은 역사교육의 본질에 다가가는 문제를 제기한 것이다. 프랑스는 물론 독일에도 역사라는 교과의 틀 속에, 예를 들어 일본에서 일본사와 세계사를 나누는 것 같은 자국사와 외국사의 구별은 존재하지 않는다. 역사라는 하나의 교과 속에서 고대 메소포타미아도, 종교개혁도, 나폴레옹 전쟁도 가르친다. 이러한 교과서에 대해 '독일의'라는 형용사를 굳이 덧붙이는 것은 확실히 이중의 의미로 민족주의적이라고 말할 수 있다. 바꿔 말하면, 우선 자국사의 존재를 생각하는 것 자체가 민족주의의 산물이라는 것은 오늘날에는 상식이다. 자국사란 현 국가의 존재이유를 그것이 존재하지 않았던 과거에까지 거슬러 올라가 찾으려는 행위의 귀결인 것이다. 그러나 교과서 『독일사』는 반드시 독일 국가의 역사 기술을 목적으로 하지는 않았다. 분명히 그 가운데는 종래 독일사로서 이해되어온 내용이 큰 의미를 갖지만, 적어도 그것이 배타적인 중요성을 갖지는 않는다. 따라서 그 교과서에는 '독일의'라는 형용사가 어울리지 않는다. 요컨대 이 교과서의 저자는 민족주의적인 용어를 필요하지 않은 데다 쓰고 만 것이다. 물론 반대로 '독일의'라는 형용사에 의미가 있다고 하면, 그것은 저자가 아직까지도 민족주의의 틀 속에 있음을 자각하지 않았다는 증거가 된다. 이것은 국제 역사교과서 대화에 적극적이었던 저자가 인정하지 않았다.

오페르의 비판은 이러한 모순을 예리하게 찌른 것이다. 결국 이 교과서는 1961년의 개정에 즈음하여 『과거로의 여행』으로 제목을 변경했고, 오늘날까지 독일의 대표적인 교과서가 되었다.

이처럼 1950년대 초기 두 나라의 회의에서는 지금 시점에서 보아도 충분히 의미가 있는 논의가 오고갔다. 이 회의에서 취급한 주제는 이후 두 나라에서 교대로 개최된 회의 ―튀빙겐(1952), 툴(1953), 잔켈마르크(1954), 세브르(1955), 밤베르크 / 뮌헨(1956), 클레르몽―페랑(1957), 고슬라르(1959), 엑상프로방스(1961), 킬(1963), 디종(1965), 케니스빈터(1967)― 의 과정을 통해 시대적으로도, 시점적으로도 확대된다. 1951년의 권고가 18세기 후반부터 나치스 정권 장악까지 두 나라 사이의 관계사(특히 외교·정치사)를 주로 다룬 데 비해 이후에는 카롤링제국의 분열과 같은 중세사도 주제에 오르고, 바로크 문화나 계몽주의, 낭만주의나 사회주의 운동과 같이 두 나라를 이어주는 문화사·사회경제사적인 주제도 논의의 대상이 되었다.

케니스빈터 회의를 끝으로 두 나라 사이의 대화는 일시 중단된다. 이는 점령기부터 계속된 대화가 일단 성공을 거두었다고 생각되었기 때문이기도 했지만, 1960년대 후반부터 1970년대에 걸친 두 나라에서의 정치적 변동과 학교교육개혁의 움직임과도 관련이 있다. 또 이 시기에 독일에서는 다음 장에서 다루는 동쪽의 이웃나라 폴란드와의 대화라는 큰 문제가 출현했다. 그러나 독일-프랑스 대화는 이로써 끝나지 않았다. 1951년의 권고가 공포되고 나서 30년이 지난 1981년에 대화는 재개되어 오늘날에도 계속되고 있다. 새로운 대화는 두 나라의 관계를 묻기보다 오히려 각각 학생들이 상대국에 대해 무엇을 배워야 할 것인가라는 관심에서 시작되었고, 그것은 유럽에 대해 무엇을 배워야 할 것인가라는 물음으로 발전했다. 거기에서는 독일 학생은 독일사를 중심으로 세계를 인식하고 프랑스인은 프랑스사를 역사의 중심에 둔다고 하는 종래의 역사교육관은 이미 자명하지 않다.

이처럼 각기 파트너가 자국사 이해의 일부를 공유하고 그 부분의 확대를 통해 그때까지 '두 나라의 관계사'에 시야가 제한되어 있던 대화를 질적으로 향상시키고, 그것에 의해 더 깊은 상호 이해를 달성하려는 의도를 가지고 개시된 대화는 유럽통합이 진전되는 가운데 독일과 프랑스에 공통되는 역사의 무대를 요구하게 되었다. 이렇게 해서 학교교육의 과제로서 유럽사를 추구하는 것이 본격화되었다.

오늘날의 독일-프랑스 대화는 국제 역사교과서 대화 가운데 가장 발전된 형태로 평가된다. 거기에서는 이미 국제 역사교과서 대화라는 개념을 성립시킨 두 국가 간의 경계에 대해서까지 의심스러운 눈길이 향하고 있다고 말해도 좋을 것이다. 물론 이러한 상황이 두 나라의 역사 이해에 있어서 국가가 이미 완전하게 의미를 잃었음을 뜻하는 것은 아니다. 그러나 그 의미가 크게 저하되고 있음을 인정해야 한다. 1965년 디종에서 열렸던 회의에서는 독일 역사가들 사이에서 제1차 세계대전의 주된 책임은 독일에게 있다는 주장이 나온 반면, 프랑스 역사가가 오히려 당시 독일 정부가 세계대전으로 전쟁을 확대시킬 의도는 지니고 있지 않았다고 주장하는 일종의 역전逆轉 현상이 일어났다. 이러한 점에서 국가차원의 적대관계가 소실된 순간에 역사 이해에서 국가 간의 대립도 급속하게 의미를 상실해가는 모습을 확인할 수 있을 것이다.

2장

철의 장막을 넘어서 | 독일–폴란드의 교과서 대화

과거의 극복

역사교육의 역사 자체가 공격성을 내부에 숨긴 국민국가라는 사회 시스템의 형성·발전과 떼어놓을 수 없는 관계에 있음에 눈을 돌리면, 국제 역사교과서 대화가 반드시 독일처럼 나치즘을 낳은 국가에게만 한정된 과제는 아니다. 그러나 국제 역사교과서 대화는 무엇보다 독일에서 이른바 과거극복이라는 과제와 밀접한 관계를 통해 발전해왔다. 대다수 독일인에게 부정적인 경험을 안겨준 나치즘까지 치른 독일 근현대사와, 나아가 그 과정에서 요구되었던 역사 이해에 대한 비판적 대응자세가 발전을 용이하게 했다.

물론 히틀러를 지지하고 나치스의 과거를 공공연하게 미화하는 이른바 네오나치나, 거기에서 일종의 이상을 발견하려는 극우세력은 증감을 거듭하면서 전후 독일에서 일관되게 존재해왔으며, 나아가 체제 내 보수층 사이에서도 그것에 대한 친화성이 인식된다고 종종 지적되고 있다. 물론 아데나워 하에서 이른바 반나치스 국가로 출발했던 서독의 경우이지만, 민주주의적인 사회질서 유지를 목표로 하는 국가기관인 '헌법수호청憲法守護廳'[15]의 단속이 예전부터 좌에는 엄격하고 우에는 후하다고 일컬어졌고, 또 1997년에는 문민지배 아래에 있는 연방군(Bundeswehr) 속에서 극우세력의 영향력이 확대되었음이 밝혀졌다. 국민적인 역사인식이라는 점에서도 독일을 영원한 죄인의 지위에서 해방시키고 세계에 자랑할 수 있는 독일상像을 구

15__ "민주주의는 자체 내에 적을 지니고 있다. 그러니 민주주의를 지키기 위해 값비싼 희생과 노력이 있어야 한다"라는 취지로 설립된 정보기관이다.

축하려는 목소리는 훨씬 이전부터 존재했다.

이처럼 전후 민주주의체제에 비판적인 사람들이 서독 건국 이래의 반공주의적인 방침 속에서 자신이 존재하는 이유의 일부를 발견해냈음은 부정할 수 없다. 굳이 단순화해서 말하면, 아데나워의 국가는 반공주의이므로 친나치스 국가였다고 이해하는 것이 옳지 않듯이, 반공주의이므로 반나치스 국가였다고 단정 짓는 것도 옳지 않다. 반공주의와 반나치즘은 동시에 존재하고는 있지만 등가等價가 아니며 충돌하는 부분도 많았던 것이다.

프랑스와의 대화는 다행스럽게도 양자가 모순되지 않는 영역에서 가능했다. 앞 장에서 살펴보았듯이, 거기서는 나치즘을 낳고 지탱해온 역사 이해에 대해 근현대사를 중심으로 국제적인 비판을 수용함으로써 나치즘이 등장하도록 허용한 사회를 근본적으로 개혁하는 것이 지향되었다. 또 일련의 회의와 병행하여 1961년과 이듬해인 1962년에 파리와 브라운슈바이크에서 개최된 회의에서는 학교에서의 나치즘 취급에 대해서도 다음과 같은 권고가 정리되었다.

2. 나치스 정부가 행한 인종말살, 테러, 고문에 대해서, 또 인간성 박탈과 절멸 상태에 대해서 정확하게 가르치는 것이 불가결하다.
3. 히틀러 체제하의 잔학한 광경을, 그 공포를 경감하지 않고 학생에게 제시하는 것을 두려워해서는 안 된다. 또한 교사에 대해서는 학생의 연령과 감수성을 고려해서 수업하는 것이 요구된다.……

동맹국이었던 프랑스와의 대화라고는 해도, 이 같은 성과를 지향한 두 나라 사이의 대화를 독일의 각 주 정부나 연방정부가 지지하고 추진했다는 것 자체는 높이 평가되어야 한다.

그렇지만 위의 권고에 나와 있듯이, 만약 나치스 지배하에서 발생한 잔학한 광경을 정확하게 전하는 것이 역사교육의 목표로 설정된다면, 대화는 프랑스보다 훨씬 큰 피해를 입었던 동쪽의 이웃 폴란드와 먼저 이루어졌어야 할 것이다. 그리고 그것이 이루어지지 않았다는 점에서 아데나워 정권이 시도한 과거극복의 한계가 인식되는 것이다.

오더−나이세 국경

전후 초기부터 당연히 시작되었어야 할 폴란드와의 대화가 거우 실현된 것은 1972년의 일이다. 이처럼 뒤늦어진 원인 중에는, 가장 먼저 서독 성립 이래 1969년에 정권이 교체될 때까지 20년 동안 기독교민주연합·기독교사회연합을 중심으로 하는 보수정권이 동서대립이라는 전후 유럽의 틀 속에서 일관되게 서방 측에 서서 이른바 냉전의 최전선으로서 동유럽에 대치해온 경위를 들 수 있다. 여기에는 아데나워가 펼친 노선이 부정적인 영향을 끼쳤다. 그러나 두 나라 사이에는 냉전이라는 세계적 규모의 배경 외에 훨씬 더 구체적인 쟁점이 존재했다. 그것은 독일의 옛 동부 영토의 귀속과 그 토지에 대한 권리를 둘러싼 문제다.

독일과의 전쟁에서 승리한 후 7월부터 8월에 걸쳐 연합국은 베를린 부근의 포츠담에서 회의를 열고 그때까지 의견이 통일되지 않았던 독일 영토를 처리하는 조치는 잠정적인 것이라고 합의했다. 즉 이른바 포츠담 회담에서 오더강과 서쪽나이세강 동쪽의 구독일 영토를 대對 독일강화조약이 체결될 때까지 잠정적으로 폴란드 통치 아래에 두기로 결정한 것이다. 덧붙여 말하면, 이 국경선이 최종적으로 확정된 것은 1990년 '독일에 관한 최종 규정에 대한 조약'[16]의 조인(발효는 1991년 3월)에 의해서다. 요컨대 현재의 국경선은 1945년 성립부터 45년 동안 법적으로 애매한 상태에 있었던 것이다.

그러나 현실적으로 포츠담 회담 이전에 구동부 영토, 즉 오더강·서나이세강 동쪽 지역은 사실상 폴란드령이 되어 있었다. 폴란드 임시정부는 독일이 항복하기 이전부터 '서부 회복령回復領'이라는 표현을 썼으며, 자신들의 동부지역을 소련에 할양한 것에 대한 대체 영토로 보았다. 그래서 동부지역에서 쫓겨난 폴란드인 주민들을 독일로부터 획득한 지역으로 — 즉 동에서 서로 — 이주시켰던 것이다. 물론 그 지역에 살던 독일인 주민은 전쟁 중에 이미 적군赤軍이 진격해옴에 따라 서쪽으로 계속 피난하기 시작했다. 이러한 상황에서 포츠담 회담은 새삼 독일인 주민을 독일로 이송하는 조치를 확인했고, 독일 주재 연합국관리이사회가 그들의 수용을 추진했다.

'추방'된 사람들

이런 이송 조치는 독일어로는 대개 어감이 훨씬 강한 '추방(Vertreibung)'이라는 말로 표현된다. 그것은 분명히 '이송'이라는 가치중립적인 말로는 다 표현할 수 없는 가혹한 과정이었다. 독일인 주민을 대대로 살아온 지역

16__ 정식 명칭은 'Treaty on the Final Settlement with Respect to Germany'이다. 독일연방공화국과 독일민주공화국, 그리고 제2차 세계대전이 끝난 다음에 독일을 점령했던 4개국이 체결한 조약이기에 '2+4 Agreement'라고도 한다. 이 조약은 1990년 9월 12일에 모스크바에서 체결되었고, 이듬해인 3월 15일부터 발효되었다.

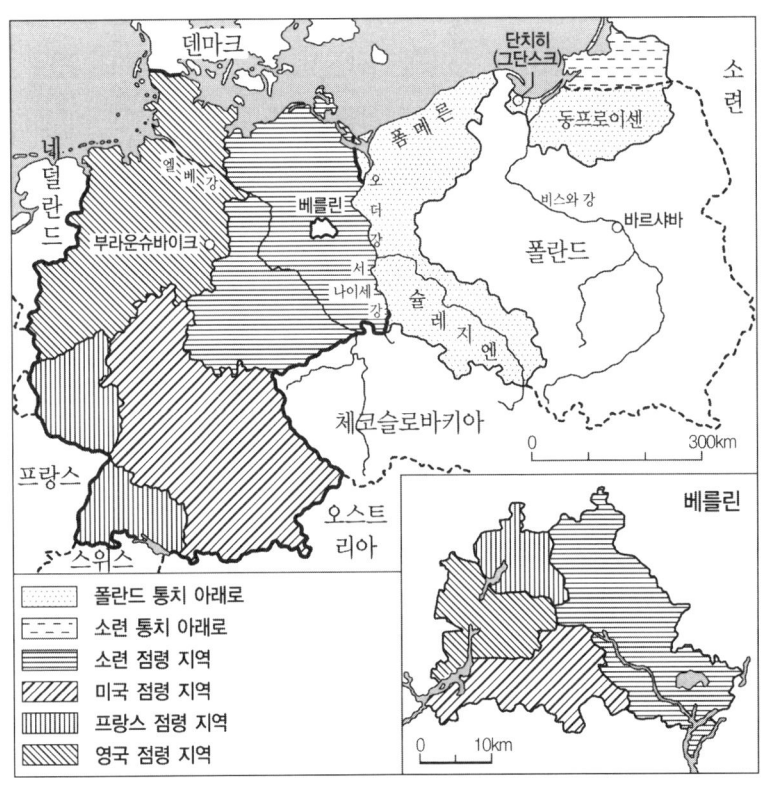

지도 내 라벨:

데마크 / 네덜란드 / 프랑스 / 스위스 / 오스트리아 / 부라운슈바이크 / 베를린 / 엘베 강 / 오더 강 / 서 나이세 강 / 폼메른 / 단치히 (그단스크) / 동프로이센 / 비스와 강 / 바르샤바 / 폴란드 / 슐레지엔 / 체코슬로바키아 / 소련

0   300km

범례:
폴란드 통치 아래로
소련 통치 아래로
소련 점령 지역
미국 점령 지역
프랑스 점령 지역
영국 점령 지역

베를린

0   10km

전후 독일을 분할해서 관리한 상황

에서 폭력적으로 '추방'하는 조치는 폴란드에서만 행해진 것이 아니었다. 체코슬로바키아를 중심으로 하는 다른 동유럽 국가들에서도 전쟁 말기부터 같은 조치가 취해지고 있었다. 그러나 새로 폴란드령이 된 지역에는 특히 많은 독일인 주민이 살았으며, 게다가 '이송' 방식이 잔혹했다. 일설에 따르면, 그 과정에서 200만 명이나 되는 사망자가 나왔다고 한다.

많은 친척이나 친구들이 죽어가는 것을 보면서 가까스로 독일에 도착한 사람들은 다른 동유럽 국가에서 쫓겨난 사람들과 함께 1950년에 우선 주 차원에서,[17] 이어서 이듬해에는 연방 차원에서 정당을 결성했다. 그들은 이른바 탈나치화 과정에서 이전의 권리를 박탈당한 사람들과도 연대하여 1945년 이전의 권리회복을 호소했다. 특히 이른바 '고향에 대한 권리'회복 요구는 구체적으로는 '추방'되었을 때 남겨두고 온 토지나 가옥, 공장 등의 자산이나 강제로 몰수당한 재산의 반환을 요구하는 것이었으며, 더 나아가서는 법적으로 애매한 상태에 있는 구동부 영토의 반환, 즉 국경선의 수정을 호소하는 것이었다. 그들의 정당인 '전全독일 블록/피추방민 및 권리상실자 연맹'은 1950년 당시 약 800만 명이나 되는 인구(당시 서독 인구의 약 15.8%)를 활용하여 1953년 연방의회 선거에서 27명의 당선자를 내고 아데나워 정권에 참가했다. 그후 그들은 정치적으로는 기독교민주연합·기독교사회연합에 흡수되었으며, 또 일종의 동향단체[18]·문화단체로 남아 일대 우익세력을 형성했다.

이와 같은 반소련·반폴란드 감정이 강한 사람들의 지지를 받은 아데나워 정권이 오더-나이세 국경을 인정하기는 불가능하며, 또한 서독 국내의 이러한 광범위한 국경 불승인의 목소리는 폴란드 측에는 독일에 의한 보복주의의 상징으로 비쳤다. 독일-프랑스 관계가 진전되는 같은 시기에 독일과 폴란드 사이에는 차가운 관계가 지배하고 있었던 것이다.

17__ 슐레스비히-홀슈타인 주에서만 결성했다.
18__ 피추방민연맹을 뜻한다. 이 단체는 기독교민주연합·기독교사회연합을 지지하는 성향이 강하며, 기독교민주연합에 소속된 직업 정치인들이 지도부에 포진되어 있다.

어느 교사의 시도

그러나 냉전하의 서독과 폴란드 사이에 역사교과서를 둘러싼 대화의 가능성이 전혀 모색되지 않았던 것은 아니다. 개인이 주도하는 차원을 넘어서지는 못했지만, 오늘날까지 계속되는 유명한 독일-폴란드 대화에 하나의 기초가 제공되었다.

그 시작은 에노 마이어(Enno Meyer)라는 한 역사교사에 의한 것이었다. 그는 나중에 공식적인 대화의 개최가 결정되자, 1972년 바르샤바에서 개최된 제1회 회의에 유일한 교사로서 참가했다.

마이어는 1947년부터 독일 북부의 항구도시 빌헬름스하펜의 학교에서 독일어와 지리를 가르치고 있었는데, 당시에는 역사 수업은 하지 않았다. 2장에서 기술한 것처럼, 당시 점령군은 역사교과서를 만드느라 고생하고 있었고, 아직 역사교육은 금지된 채였다. 그러나 금지가 해제된 후에도 상황은 변하지 않았다. 학생도 교사도 엄청나게 변한 상황 속에서 역사라는 교과에 두 발을 딛고 있었다.

그러던 중에 마이어는 결국 학교에서 유일한 역사 교사가 되었다. 그는 스스로 교재를 만들어야 할 필요성을 절감했다. 아직 교과서가 내용면이나 양적으로 충분하지 않았기 때문이었다. 특히 폴란드와의 관계를 가르치기 위한 적절한 교재가 전혀 없다는 점이 심각했다. 전후에 등장한 새로운 교과서조차 기술이 지나치게 내셔리즘적이었다. 제2차 세계대전 이전에 쾨니히스베르크대학에 적을 두고 폴란드사를 배운 그에게 그것은 바이마르 시대에 만들어진 교과서의 재탕에 지나지 않았고, 폴란드 역사에 대한 교과서 집필자의 지식 결여는 분명했다.

그는 에케르트 외에 독일인 폴란드사 연구자나 스코틀랜드에 망명해 있던 폴란드인 역사가의 협력을 받아 약 1년이 걸려서 서독 역사교과서의 폴란드사 관련 기술의 문제점을 지적하고, 개선을 요구하는 47항목의 테제를 작성했다. 이 테제는 국제교과서연구소에서 다시 전문가에 의한 검토를 거친 다음, 1956년 3월 이 연구소의 『국제역사교육연보』에 발표되었다.

마이어에 의하면, 의외로 ─ 그는 애초부터 사회주의 폴란드 역사가와의 대화는 불가능하다고 생각했기 때문에 망명 역사가 중에서 파트너를 구한 것이다 ─ 인민공화국[19]이었던 폴란드에서 적극적인 반응이 있었다고 한다. 나중에 두 나라의 대화에 참가하게 되는 몇몇 폴란드 역사가가 각각의 점에 대해서 비판하기도 했지만, 그것은 두 나라의 상호 이해를 향한 첫걸음으로 높이 평가되었다.

마이어의 테제가 발표된 1956년은, 2월에 흐루시쵸프가 스탈린을 비판하고, 또 6월에는 폴란드 포젠/포즈나인에서 노동자 봉기가 발생하고, 이어서 이른바 '10월의 봄'[20]이 찾아오는 등, 이와 같은 시도를 하기에 최고의 시기였다. 이런 중에 복귀한 고무우카(Władysław Gomułka)[21] 폴스카통합노동자당 제1서기는 이듬해인 1957년 1월에 서독과의 관계 정상화에 대한 희망을 표명했다. 폴란드 역사가의 호의적인 반응에는 당시의 이 같은 정치적 배경이 있었을 것이다.

19__ 공산주의 국가의 정식 명칭에 흔히 들어가는 용어이다. 폴란드는 '폴스카인민공화국'이라는 국명을 1952년부터 1989년까지 썼다.

20__ 폴스카통합노동자당은 탈스탈린화를 실천하겠다고 약속한 고무우카를 1956년 10월에 당의 최고지도자로 삼았다.

21__ 공산주의 체제 시기의 폴란드 집권당이었던 폴스카통합노동자당의 최고지도자였다. 이전에 당 내부의 권력투쟁 과정에서 당시 최고 권력자이던 비에루트에게 패배한 고무우카는 '내셔널리스트·우파·반동'으로 몰려 투옥당하고 당에서 축출당한 적이 있었다.

그러나 1956년 11월 바르샤바조약기구군의 헝가리 침공이 막 열린 동서 간의 장막을 다시 닫아버리게 했던 것도 사실이다. 이와 같은 정세 아래에서 마이어의 테제도 당분간 잊혀지게 되었다.

새로운 동방정책

폴란드와의 관계에 다시 전기轉機가 찾아온 것은 1960년대 말이다.

정치적으로는 1966년에 기독교민주연합·기독교사회연합과 자유민주당의 연립정권이 해소되고 양 연맹과 사회민주당의 대연정大聯政(대연립정권)이 성립된 것, 그리고 나중에 총리가 된 사회민주당 당수 브란트가 외무장관으로 입각入閣한 것이 의미가 크다고 할 수 있다. 아데나워가 독일 서부의 쾰른 시장이었던 것에 비해, 철의 장막 동쪽에 떠 있는 육지의 외로운 섬 서베를린의 시장이었던 브란트는 동유럽 국가들과의 관계 정상화의 필요성을 호소하여 종래 서독 정부의 강경한 대 동유럽 정책에 변경을 가져왔다.

결정적인 변화는 1970년에 발생했다. 1969년 9월의 총선 결과, 기독교민주연합·기독교사회연합은 그때까지 20년에 걸쳐 지켜왔던 여당의 지위에서 쫓겨나고, 본(Bonn)22에 사회민주당과 자유민주당의 연립정권이 형성되었다. 그리고 외무장관을 맡고 있던 브란트가 총리에 취임하여 소련과 폴란드를 중심으로 하는 동유럽 국가들에 대한 적극 외교, 즉 동방정책(Ostpolitik)을 전개했다. 그 정점이라고도 할 만한 성과가 1970년 12월 7일

22__ 분단 시기에 서독의 수도이자 연방정부의 소재지였다.

의 이른바 '바르샤바 조약' 체결[23]이다. 서독 정부는 이때 처음 공식적으로 현재 상태의 오더-나이세 국경선을 폴란드의 서부국경으로 승인했다.

이 같은 외교를 가능하게 한 요인 중 하나는 전후 25년을 지나는 가운데 국민들 사이에서도 현실적으로 오더-나이세 국경을 승인하자는 목소리가 확대되고 있었다는 것이다. 이런 사이에 일찍이 독일인 주민이 내준 토지에는 동쪽에서 이주해온 많은 폴란드인의 정착이 추진되어, 다시 국경선을 수정하는 것이 불가능해졌다. 이 점에 대해서는 폰 바이체커 전 대통령의 유명한 '광야의 40년' 연설(1985년 5월)에 다음과 같이 기술되어 있다.

> 요사이 우리 고향은 다른 사람들의 고향이 되어버렸습니다. 동유럽의 많은 오래된 묘지에는 이미 독일인 묘보다 폴란드인 묘가 많아졌습니다. …… 법률상의 주장으로 싸우기보다 서로 이해해야 한다는 경고를 우선시해야 합니다.

그러나 1970년 시점에 브란트에 의한 큰 일보는 연방의회에서 처음으로 야당이 된 기독교민주연합·기독교사회연합의 거센 반발을 불러일으켰다. 그들은 이 조약을 통해 사회민주주의자인 브란트가 공산주의자와 손을 잡고 독일의 국익을 침해했다고 주장했다. 물론 오늘날의 시점에서 보면, 이 같은 보수파의 반발이 잘못되었음은 분명하다. 동방정책을 추진한 브란트가 말한 바와 같이, 폴란드를 비롯한 동유럽 국가들과의 관계개선에 기초한 동서 간의 교류 증대야말로 동유럽의 체제에 변화를 가져온다는 전망이 옳았던 것이다. 오히려 이 전망이 실현됨에 따라, 즉 바르샤바 조약이 체결된 지 약 20년 후에 동유럽이 붕괴되고 독일 통일이 실현되면서 오늘날 새

23_ 서독 연방의회 하원은 이 조약을 1972년 5월 17일에 비준했다.

로운 문제가 생겨났다.

그렇지만 당시에 이 같은 미래가 불확실한 전망 속에만 존재했던 것은 아니었다. 무엇보다도 중요한 것은 이 바르샤바 조약의 결과로 두 나라 사이의 국제 교과서 대화가 가능해진 것이다.

독일-폴란드 교과서 대화의 시작

1950년대 마이어의 시도가 잊혀진 가운데 상당 기간 두 나라 사이의 대화는 가능성을 잃었다. 그러나 1960년대 중반부터 화해의 필요성에 대한 인식이 재차 고조되기 시작했다. 우선 1965년에 독일 프로테스탄트 교회를 통괄하는 독일복음교회[24]가 획기적인 성명인 '난민의 지위 및 동유럽 국가들에 대한 독일 국민의 관심'을 발표했다. 제2차 세계대전이 끝날 무렵의 대대적인 독일인 추방을 용서하는 것이 아니라고 하면서도 그것에 의해서 권리가 침해된다는 감정만으로는 향후 양 국민의 관계를 쌓을 수 없다고 기술한 다음, 국민 간의 화해를 위해서는 독일이 폴란드에 행한 중대한 부정不正을 인식하고, 폴란드 국민의 생활을 확실하게 할 충분한 공간을 보장하는 것, 즉 기존의 국경선 인정이 불가결하다는 것이었다. 브란트의 외교를 가능하게 했던 여론 변화에는 이 같은 교회의 노력도 하나의 요인이 되었다. 또 베를린의 프로테스탄트 교회는 1968, 1969년 두 번에 걸쳐 마이어나, 1956년의 권고에 반응했던 폴란드 역사가를 초빙하여 두 나라의 역사

24__ 독일의 23개 지역 및 하위 종파별 교단들의 연합체이다.

교과서에 관한 국제회의를 개최했다.

이와 같이 상황이 호전되고 있을 무렵 에케르트가 위원장을 맡은 서독 유네스코 국내위원회에서는 1965년 이래 폴란드와의 국제 역사교과서 대화의 가능성이 검토되었는데, 바르샤바 조약 체결에 얼마 앞선 1970년 가을 마침내 파리의 유네스코 총회에서 폴란드 유네스코 국내위원회와 국제교과서 대화의 개최를 정식으로 약속하기에 이르렀다. 그리고 연방의회에서 바르샤바 조약의 비준을 확인한 후인 1972년 2월 22일에 에케르트를 단장으로 하는 서독 측 위원 11명이 바르샤바의 폴란드 과학아카데미를 방문했고, 거기서 그들은 대환영을 받았다.

두 나라 사이의 대화를 보고 자신들의 국제적 지위 저하를 느낀 동독은 국제교과서연구소가 이미 반공주의의 대변자가 되어 역사교과서라는 이데올로기의 영역에서 공존할 수 없다고 하면서 폴란드를 견제하기도 했지만, 두 나라의 유네스코 국내위원회에 의한 공동교과서위원회는 중단되지 않고 오늘날까지 계속되고 있다. 이 대화에서는 역사 이외에 지리교과서도 분석 대상이 되는데, 여기에서는 세계적으로 보다 큰 관심을 불러일으킨 역사교과서를 둘러싼 활동에 주목하려 한다.

독일-폴란드 교과서 권고

독일-폴란드 공동교과서위원회는 대화 초기에 바르샤바와 브라운슈바이크에서 1년에 2회 정도 회의를 개최하고, 1976년 4월 브라운슈바이크 회의에서 26항목으로 된 유명한 권고 '독일연방공화국과 폴란드인민공화국의 역사와 지리교과서에 대한 권고(이하 독일-폴란드 권고)'를 정리했다. 실제로는 1972년 2월의 제1회 회의, 그리고 같은 해 4월의 제2회 회의에서 이미 약간의 권고가 작성되어 그후에 공포되었지만, 포괄적인 권고가 정리된 것은 1976년의 것이 유일하다.

우선 '독일-폴란드 권고' 26항목의 타이틀을 보자.

1. 고대와 중세 초기 슬라브인과 게르만인
2. 중세 유럽 여러 국가의 형성
3. 중세 후기 신성로마제국과 독일-폴란드 관계
4. 폴란드사 초기(10~13세기) 슐레지엔과 포머른(폴란드어로 각각 실롱스크와 포모제)
5. 중세 중유럽 동부의 독일인 식민
6. 폴란드와 독일 기사단
7. 르네상스 및 바로크시대의 문화적·종교적 독일-폴란드 관계
8. 계몽사상기 폴란드 국가
9. 프로이센과 폴란드 분할
10. 폴란드 국민의 자유와 독립을 위한 투쟁
11. 폴란드의 자유투쟁이 독일에 끼친 영향
12. 공업화
13. 폴란드 정책
14. 제1차 세계대전과 독일-폴란드 관계
15. 10월 혁명과 폴란드
16. 중유럽 여러 국가의 붕괴와 독일-폴란드 관계
17. 국경 문제
18. 바이마르공화국 시기의 독일-폴란드 관계

19. 1933~1939년의 독일─폴란드 관계에 대해서
20. 제2차 세계대전 중 나치스의 점령 정책과 저항
21. 영토 변경
22. 주민 이동
23. 부흥 문제
24. 과거의 극복
25. 국제환경
26. 정상화로 향한 길

　이 26항목은 오늘날 두 나라 사이에서 문제가 되는 역사 이해가 반드시 나치스 시대의 수년간에 한정되지 않음을 보여준다. 폴란드 분할의 근대사, 그리고 이와 같은 대립으로 점철되었던 근현대시기에 편집된 고대·중세사의 이해에도 문제가 있다는 점이 이 구성에서 분명해진다. 역사인식에서 과거극복이란 단지 가해의 사실에 눈을 돌릴 뿐 아니라 그러한 침략행위를 정당화했던 당시의 역사인식에 대한 재검토 역시 요구한다고 할 수 있다.
　이하 몇몇 항목을 다룸으로써 거기에서 어떠한 역사 이해가 문제되었는 지에 주목하고자 한다.

권고1의 논점

고대와 중세 초기 슬라브인과 게르만인

커다란 인도─유럽어족, 그 중에서 특히 게르만인과 슬라브인의 기원, 그 발상지와 이동, 나아가 동東게르만인의 확산에 대해서는 전적으로 가설만 있을 뿐이어서 교과서에는 가설로 써야 한다. 동게르만인[25]이 독일인의 조상이 아님은 분명

하다. 중세 유럽의 문화세계는 지중해 연안 그리스도교 문화, 게르만 문화, 슬라브 문화가 융합해서 이루어진 것이다.

이 권고가 논하는 것은 오더강과 비스와강 사이의 지역, 즉 1945년에 독일이 잃어버렸던 구동부 영토를 포함한 광범위한 지역의 선주민先住民이 어떤 사람들이었는지, 다시 말하면 독일인의 조상인지 아니면 폴란드인의 조상인지에 관한 논란이다.

독일 역사교과서에는 제정로마시대에 이 지역에 여러 게르만인 부족이 살았으며, 이후에 게르만인이 서쪽으로 이동해감에 따라 그 지역에 정착하게 된 슬라브인이 여전히 비스와강 동쪽에 살았다고 되어 있다. 한편 폴란드 교과서에는 그 지역은 기원전 천 수백 년 이래 라우지츠(Lausitz) 문화가 존재하며, 그것이 폴란드인의 원류 중 하나라고 되어 있다. 권고는 이 견해 차이에 대해서 명확한 판단을 내리지 않았다. 두 견해가 모두 가설에 지나지 않으므로, 가설인 점을 분명히 해야 한다는 것이다.

그러나 이 권고의 의의는 불명확한 것은 불명확한 대로 기술해야 한다고 주장하는 점에만 있는 것이 아니다. 보다 중요한 점은 '동게르만인이 독일인의 조상이 아님'을 확인했다는 데 있다. 마이어는 1956년에 발표한 논문 「역사교육에서의 독일–폴란드 관계 기술에 대해서」에서 다음과 같이 기술했다.

게르만족의 대이동 이후에도 킬과 트리에스테를 잇는 선의 동쪽 지역에 여전히 게르만인이 있었음은 분명하다. 그러나 그 수와 의미는 그다지 크지 않다. 그들

25__ 동고트족, 서고트족, 반달족, 부르군트족이 모두 이 계열에 속한다.

은 독일인의 동유럽 식민까지 민족성을 유지하지 않았다. …… 따라서 중세 독일인의 동유럽 식민을 '독일인의 동부지역 탈환'이라고 표현하는 것은 잘못이다.

마이어에 따르면, 동게르만인을 독일인의 조상이라고 보는 역사 해석은 1918년 이후, 즉 독일이 제1차 세계대전에 패전함에 따라 새롭게 독립을 달성한 폴란드에 동부 영토를 양도하지 않을 수 없게 된 후에 선전용으로 만들어진 것이라고 한다. 바꿔 말하면, 그 지역은 원래 폴란드인의 조상인 슬라브인이 살다가 중세 이후 독일인의 이른바 '동유럽 식민'이 행해지고, 그후 다양한 경위를 거쳐 1918년을 맞이한 ― 진짜 소유자에게 되돌아 온 ― 것이 아니라 원래 '독일인의 조상인 동게르만인'의 토지였다고 주장함으로써, 새롭게 그어진 국경선의 '수정'을 요구할 근거로 삼았다는 것이다. 그후 1939년에 나치스는 이 '본래 독일인의 토지' 탈환을 구실로 해서 폴란드를 공격하는데, 점령 지역의 동부는 일종의 식민지인 총독관구總督管區(총독관할구역)로 취급하여 폴란드인의 거주를 인정한 것에 반해, 서부 즉 '탈환'한 지역은 독일에 병합한 다음 독일화 ― 폴란드인을 총독관구로 추방한 ― 를 추진했다.

이를 통해 민족주의라는 원리는 국민국가들의(독일뿐만 아니라 폴란드에도 적용되지만) 영토 확대를 촉구했을 뿐 아니라, 영토 확대를 정당화하는 '역사' 이해도 발전시켰음을 알 수 있다. 독일사나 폴란드사와 같이 국가명을 앞에 붙인 역사 기술의 체계를 발명했다는 자체가 민족주의의 업적이지만, 그뿐이 아니다. 민족주의의 영향은 세부적으로까지 침투되어 있다. 이 사회 원리 아래에서는 역사 혹은 전통과 같은 '보다 옛 것'이 가치를 가지고, 경우에 따라서는 그것에 근거하여 전쟁조차도 정당화되었다. 그리고 오늘날에도 여전히 이와 같은 — 언뜻 '문화적'인 존재이지만, 언제라도 공격성을 발휘할 수 있다 — 역사나 전통에 대한 공통 이해 위에 우리들의 국민국가가 존재하고 있는 이상, 특히 영토를 둘러싼 역사 이해에는 각국 사이에 최소한의 일치가 요구된다. 가설은 가설로서만 받아들여지지 않으면 안 되는 것이다.

물론 국민국가의 종언이 예언되는 오늘날의 시점에서 보면, 가설까지 거슬러 올라가 존재이유를 생각해야 하는 국가상태 자체가 우선 문제시되어야 한다. 그러나 그러한 논의는 1970년대 두 나라 사이의 대화에서는 아직 큰 의미를 갖지 못했다.

권고5의 논점

중세 중유럽 동부의 독일인 식민

중유럽 동부의 독일인 식민은 인구학적·경제적·사회적 과정으로 다루어야 한다. 1000~1100년 무렵의 전환기에 북부 이탈리아, 프로방스, 라인란트[26]에 사회적·경제적 변화가 일어났다. 더욱이 그곳은 생산과 상거래의 새로운 형태와 도시와 농촌의 새로운 형식을 주변에 전파하는 중심지가 되었다. 모든 유럽 민족 — 그 중에 슬라브인도 게르만인도 포함되지만 — 은 독자적으로 새로운 문화 형태를 수용하는 기초를 만들어냈다. 그들이 경제성장과 중세문화를 촉진하는 요소가 된 것이다. 이렇게 해서 군주나 토지귀족으로부터 획득한 권리와 자유로 인해 카롤링제국의 영역으로부터 새로운 이주자들이 늘어났다. 이들 이주자들은 12~14세기에 서슬라브 여러 국가의 경제적, 사회적 변화에 커다란 역할을

26__ 라인강 연안지대를 가리킨다.

했다. 그러나 이주자의 수 및 이런 변화에서 맡은 역할의 정도는 아직 완전히 밝혀지지 않았다. 이주자 중에 독일인이 많았기 때문에 그들의 자유와 의무를 명시한 '게르만법(Germanisches Recht)'이 만들어졌다. 13세기 전반기 이후 이 법은 국내 이주자에게도 적용되었다. 그 결과 '게르만법'은 13~14세기 폴란드의 경제적·사회적 변화에서 독일인이 담당했던 부분보다도 훨씬 넓게 확대되었다. 엘베강 동쪽에 독일인 거주지역의 형성이 완료된 것은 중세 독일인의 이주가 끝나고 몇 세기가 지난 후의 일이다.

고대부터 중세 초기를 대상으로 한 권고1에 이어서 권고2~4에서는 중세 독일 국가와 폴란드 국가의 관계가 논해졌다. 구체적으로는 폴란드 서부의 슐레지엔과 포머른이 폴란드의 정치적인 공동체를 떠나 독일의 영역으로 들어간 것이 언제인가라는 문제가 논의되었다. 이 권고의 기본적인 문제의식도 거의 같은 점에 있다고 해도 좋을 것이다.

권고5의 주장은 크게 3개 포인트로 나누어진다. 첫째는, 중세에 동유럽으로 이주한 이주자 가운데 가장 수가 많고 그 지역에서의 사회적·경제적 발전에 가장 큰 역할을 한 것이 독일인이라는 것이다. 둘째는, 이주한 독일인의 공헌도 폴란드인이 그를 위한 기초를 만들었기 때문에 가능했다는 것, 그리고 셋째는, 엘베강 동쪽에 독일인 거주지역이 형성된 것은 중세의 이주가 끝나고 몇 세기가 지난 후라는 것이다. 이 가운데 첫 번째 점은 적어도 당시 서독 교과서에서는 당연한 것으로 여겨졌다. 따라서 문제는 다른 두 가지다.

우선 두 번째 점에 대해서는, 애당초 중세 독일인의 동유럽 이주가 독일에서 큰 관심을 불러일으킨 것이 역시 1918년 이후의 일이라는 점에 주의를 기울일 필요가 있다. 이주라는 현상 자체는 역사적으로 확실하지만, 그 배경에는 동게르만인을 독일인의 조상으로 보는 역사 해석을 내세우려는 동기가 작용하고 있음이 분명하다. 또 독일인 이주자는 발달한 문화의 운반자이고 폴란드인이 경작할 수 없었던 토지를 개척한 우수한 기술자였다는 인식은 문화적으로 뒤처진 폴란드인이라는 민족적인 편견의 이면을 그대로 보여준다. 권고5의 의도 중 한 가지는, 이러한 문제 상황을 앞에 놓고 독일로부터 온 이주자가 폴란드의 사회적·경제적 발전에 공헌했다는 사실을 인정하면서도 그것을 받아들인 기초가 폴란드인에 의해 형성되었음을 강조하고, '게르만법'이라고 널리 알려진 표현 때문에 과대평가되기 쉬운 이주자의 공헌에 대해 더 억제적인 태도를 요구하는 데 있었다고 말할 수 있다.

또 엘베강 동쪽에 독일인 거주구가 형성된 시기에 관한 세 번째 지적도 권고1과 마찬가지로 독일의 동쪽 지역에 대한 독일인의 역사적인 소유권을 정당화하는 역사 이해에 못을 박은 것이라 여겨진다. 요컨대 권고1에서 동게르만인이 독일인의 조상은 아니라고 한 다음, 이 권고5를 통해 12세기 이후 많은 독일인이 이주했다 하더라도 그 토지가 독일의 일부가 되었다고 볼 수는 없음을 다시 확인한 것이다.

권고7의 논점

르네상스 및 바로크시대의 문화적·종교적 독일–폴란드 관계

르네상스 및 계몽사상기 유럽의 정신문화 발전에 대해 교과서에 기술할 때에는 이 시대 폴란드 문화의 주체적인 발전에 대해서 종래 이상으로 크게 고려해야 한다. 예를 들면 폴란드 시민이며 유럽의 일류 학자였던 코페르니쿠스의 역할을 생각할 수 있다.

16세기 중반 폴란드에서 루터파의 형태로 확대된 종교개혁은 독일에서 왔다. 루터교회는 대大폴란드[27] 및 왕령王領 프로이센[28]의 도시 주민 사이에서 신봉자를 획득했다. 폴란드 여러 왕들의 지배 아래서 대도시는 상당한 자치를 누렸고, 또 일련의 교역상 특권은 도시의 경제발전을 가능하게 했다. 16세기 중반 지그문트 2세 아우구스트는 왕령 프로이센의 대도시에 신앙의 자유를 허가했다. 그로써 루터파 사람들은 학교와 인쇄소의 설립을 인정받고, 독자적인 교회도 설립할 수 있게 되었다.

폴란드 왕국에서 지배적이었던 민족적, 종교적인 관용에 대해서는 폴란드의 종교개혁이 지닌 특수한 성격을 고려할 필요가 있다. 그리고 교과서에서는 전반적으로 교회혁신을 배경으로 한 정신적·지적인 자극과 정치적인 동기부여가 언급되지 않으면 안 된다. 두 나라의 역사학에 의해 상호의존이 필요하다는 인식이 마련되었으므로, 서쪽에서 동쪽으로의 일방적인 문화전파에 기초한 종래의 해석을 바꾸지 않으면 안 된다.

신앙의 자유는 16세기 및 17세기 전반 왕령 프로이센에 문화적 개화를 불러왔다. 이 무렵 여기에서는 걸출한 많은 예술가, 문필가, 학자가 활동했으며, 그들은 폴란드어, 독일어, 라틴어로 작품을 썼다. 그 중에서도 토룬과 단치히 / 그단스크의 김나지움은 폴란드 내외에서 각별한 찬사를 받았다. 17세기에는 폴란드 형제단[29]에 의해서 주장된 종교적 관용의 개념이 독일에까지 전해졌다.

16~17세기에는 독일과 합스부르크가의 통치를 받던 슐레지엔이나 네덜란드에서부터 신앙상의 이유로 박해받은 시민과 농민들(대부분이 루터파, 약간의 메노파나 반삼위일체론자인 유니테리언)이 폴란드로 밀려들었다. 그들은 대폴란드(Greater Poland) 및 왕령 프로이센에서 상당한 지위를 획득하고, 그 토지의 경제적, 사회적 발전에 공헌했다. 그러나 이 지역의 전반적인 발전은 17세기 중

27__ 'Great Poland'의 직역어. 폴스카어(폴란드어) 표기는 '비엘코폴스카(Wielkopolska)'이다.
28__ 프로이센공국의 서부 지역으로, 몇몇 전쟁의 결과 이 지역의 주권을 폴스카(폴란드) 왕국이 차지하게 되면서 이 명칭이 출현했다. 이 명칭과 지역은 프로이센이 제1차 폴스카 분할에 참여해 이 지역을 빼앗을 때까지 존속했다.
29__ 교의에 있어서 그로티우스 등 많은 외국의 사상가에게 영향을 준 신교도의 일파이다.(원주)

반 무렵 폴란드를 황폐하게 한 스웨덴과 브란덴부르크의 침입으로 방해받았다. 귀족공화정[30]에서 반종교개혁의 최종적인 성공은 대폴란드 및 소폴란드에서 단치히/그단스크, 엘블롱크, 토룬 그리고 다른 왕령 프로이센의 도시로 신교도가 이주하는 결과를 초래했다. 신교도는 이미 부여되어 있던 신앙의 자유와 도시의 자치가 지켜졌기 때문에 폴란드 공화정에 대해서 완전한 충성심을 가지고 있었다.

이 권고의 논점은 두 가지다. 사실 권고7에 대해서는 우선 1972년 2월의 제1회 회의에서 전반 부분을 '르네상스 및 계몽사상기의 폴란드 문화'로서, 같은 해 4월의 제2회 회의에서 후반을 '16~17세기 폴란드와 독일의 문화적, 종교적 관계'로 정리하고, 1976년의 회의에서 처음으로 양자를 통합했다. 권고7 '르네상스 및 바로크시대의 문화적·종교적 독일-폴란드 관계'가 작성된 것이다.

1972년 시점의 권고에서 전반부는 당시 폴란드 문화의 발전 상황을, 후반부는 특히 독일과의 관계를 다루었는데, 공통점은 이른바 '폴란드 르네상스'로 상징되는 문화적 수준을 강조하고 있다는 점이다. 그 밖에 특히 "두 나라의 역사학에 의해 상호의존이 필요하다는 인식이 마련되었으므로, 서쪽에서 동쪽으로의 일방적인 문화전파에 기초한 종래의 해석을 바꾸지 않으면 안 된다"라는 구절은 중요한 의미를 갖는다. 권고5를 살펴볼 때도 언급했듯이, 독일에서는 종래 독일인 이주자가 폴란드에 앞선 문화와 기술을 가져왔고, 그것이 '후진적인 폴란드'에 문화적인 개화를 가져왔다는 역사관

30__ 당시의 폴란드에서는 슐라흐타(Szlachta)라고 불리는 귀족에 의한 의회가 열렸고, 국왕도 슐라흐타에 의해서 선출되었다. 이 때문에 귀족공화정 혹은 슐라흐타 공화정이라고 불린다. (원주)

이 일반적이었다. 이러한 이해는 반드시 독일에만 한정된 것이 아니라 서유럽의 공통된 역사관 또는 폴란드의 이미지라고 할 수 있을지도 모른다. 그와 같은 부정확한 역사 이해에 대해서, 이 권고는 15~16세기의 폴란드는 단순한 수용자였다고만은 볼 수 없는 고도의 문화를 갖고 있었다는 것, 그리고 이후의 역사에서 큰 의미를 가졌던 '종교적 관용'이라는 개념처럼 폴란드에서 독일로 전해진 것도 있음을 강조했다.

이러한 문맥 속에서 특히 흥미 깊은 것이 맨 앞 단락에 묘사된 코페르니쿠스에 관한 기술이다. 코페르니쿠스는 쇼팽, 퀴리 부인과 함께 일본에서 가장 유명한 폴란드인 중 한 사람으로 그가 폴란드인임을 의심하는 사람은 없다. 그것은 폴란드에서도 마찬가지다. 그러나 독일에서는 다르다. 독일에서는 오랫동안 코페르니쿠스를 독일인이라 생각해왔다.

거기에는 이유가 있다. 코페르니쿠스는 아버지가 토룬의, 어머니가 크라쿠프의 독일인인 가계에서 태어났다. 그리고 부모의 조상은 모두 14세기에 슐레지엔에서 각각 도시로 이주해왔다. 그런 의미에서라면 그를 독일인이라 보는 것이 불가능한 일은 아니다. 또 그는 당시 지식인의 공통어인 라틴어 외에 독일어도 사용했다.

그러나 다른 한편, 그가 폴란드 영내의 토룬에서 태어났고 폴란드 문화의 중심지인 크라쿠프대학에서 공부했다는 사실, 그리고 그가 지동설을 주장한 데는 당시 크라쿠프에서 번성했던 인문주의의 영향이 컸던 점을 생각하면, 코페르니쿠스는 폴란드 문화 속에서 태어났다고 볼 수도 있다. 또 코페르니쿠스 자신은 독일 기사단과 폴란드와의 대립에서 폴란드의 이익을 위해 행동하기도 했다.

이러한 코페르니쿠스를 폴란드인으로 볼 것인지 독일인으로 볼 것인지

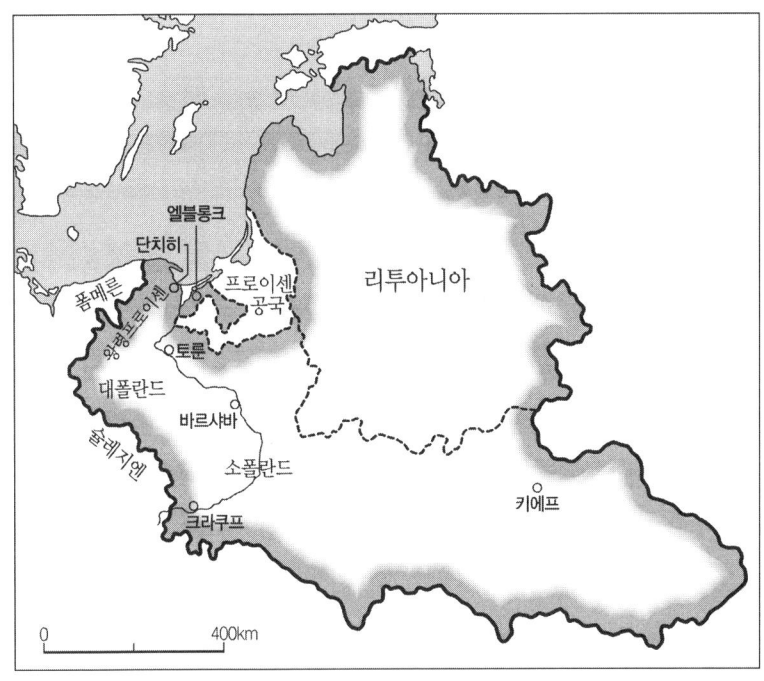

16세기의 폴란드 (리투아니아 합동 후)

는 이미 제2차 세계대전 이전부터 두 나라 사이의 논쟁의 불씨가 되었다. 독일과 폴란드 사이에는 1937년부터 1938년까지 세 차례에 걸쳐 국제 역사 교과서 대화가 행해진 적이 있다. 히틀러 아래 나치스 독일이 바이마르공화국 시대에 가장 적대적인 관계에 있던 폴란드와 이와 같은 대화를 했다는 것은 당시 사람들로서는 예상 외의 일이었지만, 1935년에 프랑스와의 대화를 인정한 바와 마찬가지로 이것도 일종의 전략적인 평화선전이었다고 생각해도 좋을 것이다. 그 자리에서 폴란드에서 온 참가자는 나치스 독일은 아주 유연하고 의외일 정도로 '사리에 밝다'는 인상을 받았다고 기술했다. 그러나 그와 같은 나치스조차도 코페르니쿠스를 폴란드인이라 인정할 수는 없었다.

권고7에서 보이는 '폴란드 시민'이라는 표기는 이와 같은 복잡한 경위를 배려한 결과라 생각된다. 또 '유럽의 일류 학자'라는 단어 사용에는 코페르니쿠스가 폴란드인인가 독일인인가라는 물음 자체가 나타내는 민족주의적인 감각에 대한 비판의식, 그리고 그와 같은 일상적인 감각을 유럽이라는 초국가적인 공간으로 시점을 옮김으로써 무의미화하려는 의도를 엿볼 수 있다.

권고9의 논점

프로이센과 폴란드 분할

브란덴부르크의 호엔촐레른가家[31]가 일관되게 노력한 결과, 폴란드에 종속해 있던 프로이센은 폴란드 왕에게 신종臣從한 채로 그들의 손에 넘어갔다.[32] (1618) 프로이센 공국[33]의 호엔촐레른가는 1657년에 주권을 획득하고, 1701년에 선제후選帝侯[34] 프리드리히 3세는 프로이센 국왕 프리드리히 1세가 되었다.[35] 이와 병행해서 브란덴부르크-프로이센 공국의 영토를 연결하려는 시도가 계속되었다. 프리드리히 2세는 유럽에서 유리한 위치에 올랐고, 제1차 폴란드 분할(1772)을

31__ 브란덴부르크 공국을 통치하는 군주의 지위를 호엔촐레른가에서 세습했다.
32__ 폴스카 국왕의 봉신 신분을 유지하는 조건으로 브란덴부르크의 통치자가 프로이센 공작의 직위를 세습하게 되었다.
33__ 왕령 프로이센이 아닌 나머지 지역이 프로이센 공국이었다.
34__ 신성로마제국의 황제를 선출하는 투표에 참여할 수 있는 권리를 지닌 성속聖俗 제후들을 가리킨다. 선거후選擧侯 또는 선정후選定侯라고도 한다.
35__ 브란덴부르크-프로이센의 통치자 프리드리히 3세가, 1701년에 국가의 명칭을 프로이센 왕국으로 바꾸면서 자신을 프로이센 국왕 프리드리히 1세로 선포했다.

추진함으로써 영토의 연결을 달성했다. 폴란드 분할조약은 프로이센에게 기본적인 정치적 의의를 지니며 프로이센이 폴란드 분할에 가담한 것은 호엔촐레른가의 목적의식적인 강대국 정책의 귀결이었다.

폴란드 분할을 다룰 때는 명료한 정치적 동기와 함께 모든 분할 국가의 사회적, 경제적 요인 및 전략적인 고려에도 주의를 기울여야 한다.

앞의 권고8 '계몽사상기 폴란드 국가'에서는 18세기 분할 전 폴란드에서의 국가 재건 시도가 묘사되었다. 거기에는 "폴란드 분할은 이 지역에서 특히 스타니스와프 아우구스트 포니아토프스키(Stanisław August Poniatowski)의 정치가 시작되고, 바야흐로 국가 질서, 경제, 문화, 사회의 각 영역에서 전진이 개시된 그때에 행해졌다"라고 되어 있다. 그것을 받아들여 이 권고도 폴란드 분할의 실현에 프로이센이 직접적인 역할을 했음을 강조했다.

폴란드 분할은 폴란드에서는 당연히 중대사였고 교과서에도 상세하게 묘사되어 있지만, 서독에서는 이를 결코 크게 취급하지 않았다. 이 시대에 대해서는 아무래도 서쪽의 프랑스 혁명에 눈을 돌린 나머지 동쪽의 폴란드를 — 직접 그 분할에 가담하면서 — 잊어버린 것이다. 이와 같은 상황에 입각하여 마이어는 이미 1956년에 다음과 같이 기술했다.

브란덴부르크-프로이센,[36] 오스트리아, 그리고 러시아에서 절대왕정으로의 이행이 진행되고 있을 때 폴란드에서는 무한한 귀족지배가 일관되었다. 전주민의 대략 10%를 차지하는 폴란드 귀족은 그들만으로 폴란드 국민을 형성하고 있었다.[37] 폴란드는 귀족공화국이었다. 이런 국가형태는 힘차고 계획적인 정치를 불

36__ 브란덴부르크-프로이센이란 표기는 별개의 두 국가가 동일한 군주의 통치를 받는 국가연합을 형성하고 있었기에 탄생한 것이다. 이 국명은 1701년에 프로이센(정식 명칭은 프로이센 왕국)으로 바뀌게 된다.

가능하게 했다. 그 때문에 폴란드는 군사력에 의한 이웃국가의 확장 노력에 대해서 자신의 지위를 고수할 수 없었다. …… 폴란드 분할은 유럽사에서 가장 위험한 사건 중 하나였다. 그것은 큰 민족에게서 자유로운 발전의 가능성을 빼앗고, 혁명과 박해, 그리고 민족 간의 증오를 발생시켰다.

마이어의 의도는 독일 교과서가 18세기의 폴란드에, 그 중에서도 폴란드 분할이라는 중대한 사실에 좀 더 눈을 돌리도록 촉구하는 데에 있었다. 그리고 이 테제를 발표했을 당시에 폴란드 역사가도 마이어의 이런 의도를 인식하고 특히 마지막 두 문장에 대해서는 높은 평가를 내렸다.

그러나 전반부는 큰 반발을 불렀다. 요컨대 여기서 마이어가 묘사한 것은 폴란드의 약한 모습이며, 종래의 독일 역사교과서가 지닌 역사 이해의 틀을 넘지 않았다. 그는 테제 중에서 분할 직전의 폴란드사에 관해 교과서에 쓰여 있지 않았던 좀 상세한 사건을 열거했을 뿐이고, 폴란드의 약체성이 주위의 열강에 의한 분할을 초래했다는 기본적인 이해의 틀에 의문을 품지 않았던 것이다. 물론 그는 분할을 정당한 과정으로 보지는 않았다. 그렇지만 그와 같은 부정^{不正}을 낳게 한 원인규명은 불충분했다.

폴란드 역사가는 폴란드 국가의 약체화가 분할을 초래했다는 논리 자체를 비판했다. 그들에 따르면, 제1차 분할은 폴란드가 정치적인 무능력 상태를 벗어나려고 했을 때 이루어졌으며, 그것은 폴란드인에게 통치능력이 없기 때문에 필연적으로 일어난 것이 아니라 분할이 실현될 즈음에 프로이센이 능동적으로 주도권을 잡은 것이 결정적으로 중요한 원인이었고, 폴란드의 약체성이나 러시아가 서쪽으로 팽창하는 데 대한 방위라는 논리로 그러

37__ 귀족들만이 참정권을 행사할 수 있었다는 뜻이다.

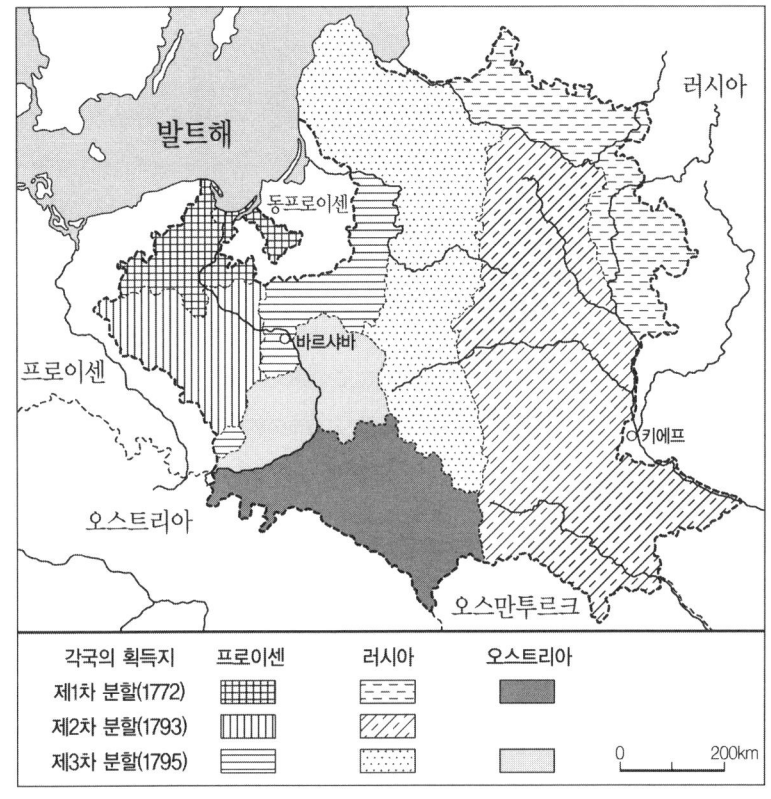

폴란드의 분할

한 행동을 설명하는 것은 잘못이라는 것이다.

　권고9는 대체로 이런 폴란드 역사가의 견해에 따르는 형태로 정리되었다고 해도 좋을 것이다. 맨 마지막으로 분할에 가담한 모든 나라(즉 브란덴부르크-프로이센 이외에 러시아와 오스트리아)의 동기도 고려하도록 촉구하는 문장이 보이지만, 호엔촐레른가에 의해 브란덴부르크-프로이센을 연결하려고 한[38] 영토 확장의 노력이 분할의 최대원인이라는 이해를 명확히 했다.

그런 의미에서 이 권고는 1956년의 마이어 견해보다도 한 걸음 더 앞섰다고 볼 수 있다. 또 이후 권고10 및 11은 코시치우슈코 봉기(1794)나 나폴레옹 전쟁에 대한 폴란드 군단의 참전, 그 후의 빈 체제하에서 폴란드인의 자유·독립투쟁과 독일을 중심으로 하는 유럽에 끼친 영향에 대해서 확인했는데, 이것도 당시 강대국들의 지배에 기초한 국제질서에 적극적으로 대항한 폴란드인의 활동과 그 의의를 강조하는 것이다.

권고12의 논점

공업화

19세기의 공업화를 논할 때는 루어 지방의 중공업 건설이 프로이센 국가의 동부 여러 주로부터 독일인 및 폴란드인이 유입됨으로써 비로소 가능하게 되었다는 점을 고려해야 한다. 그로 인해 보쿰, 헤르네, 겔젠키르헨과 같은 루어 지방의 여러 도시는 다수의 폴란드인 인구를 떠맡게 되었다. 공업 건설과 도시의 확대에서 폴란드인의 협력은 중요한 의미를 갖는다.

그 반대의 예로, 우치와 그 주변에서의 방적공업 건설이 거론되어야 한다. 그것은 19세기 전반에 프로이센 동부 여러 주로부터 유입된 독일인 직공織工에 의해서 시작되었고, 일부는 독일 서부에서 온 공장주에 의해서 계속되었다. 그로써 폴란드의 공업도시 우치는 많은 독일인 주민을 떠맡게 되었고, 그들은 부르주아 계급에서도, 노동운동에서도 일정한 역할을 담당했다.

이 권고는 다른 권고와는 다른 의미를 갖는다. 여기서는 19세기 두 나라의 경제관계가 긴밀했음이 나타나 있는데, 그것은 두 나라 역사교과서의

38__ 왕령 프로이센은 브란덴부르크와 동프로이센 사이에 있었다.

기술에 보이는 특정한 역사 이해를 비판하는 것이 아니다. 오히려 여기에 드러나 있는 역사적 사실이 두 나라 역사교과서에 쓰여 있지 않다는 것이 야말로 문제시되었다. 권고12 및 권고11에 쓰인 내용은 1972년 2월 제1회 회의에서 정리된 권고 중에 이미 보이지만, 당시 서독 각 주의 역사교육과 정 기준 가운데 이와 같은 역사적 과정을 직접적으로 다룬 예는 없었고, 루어포트 공업지대를 끼고 있는 노르트라인-베스트팔렌주의 교육과정 기 준에 유일하게 '공업화 시대의 인구이동'이라는 관련 주제가 존재하는 상 황이었다. 또 권고10에 대해서도, 예컨대 그리스에서의 독립투쟁에 대해서 는 모든 주의 교육과정 기준에 언급되어 있었지만, 폴란드의 예를 다룬 사 례는 헤센주가 유일했다. 이러한 점에서 이 세 권고와 다음의 권고13 '비스 마르크 하에서의 문화투쟁'[39]은 두 나라의 교과서, 그 중에서도 서독의 역 사교과서가 이와 같은 사항을 좀 더 기술하도록 요구하는 것이었다.

권고17의 논점

국경 문제

공업화 이전 오버슐레지엔은 주로 폴란드인이 사는 공업지대였다. 공업화는 사 회적·인구학적·민족적인 관계를 근본적으로 변화시키고, 민족 대립을 한층 첨 예화했다. 1914년 이전에는 인구의 대부분이 농민으로 폴란드어를 사용했으며 ― 노동자도 마찬가지다 ― 지방의식이 있기는 했지만 점점 더 폴란드인 의식 을 가지게 되었다. 그에 비해 대토지 소유자는 독일인이었다. 폴란드 주민 가운 데 일부는 민족적인 귀속의식보다는 국가의식을 가지고 있기도 했다. 또 독일

39__ 로마 가톨릭 교회가 폴란드에서 지배적인 종교였기에, 독일령 폴란드 지역에서도 프로이센 국가권력과 가톨릭 교회가 대립했다.

인 주민은 특히 중소도시에 집중해 있었다.

공업화는 오버슐레지엔과 회의왕국會議王國,[40] 그 밖의 지역에서 이촌離村을 재촉했다. 그 지역에서 일찍부터 번영한 도시에는 오버슐레지엔이나 갈리치야 출신의 폴란드인과, 슐레지엔이나 독일 외의 다른 지역 출신 독일인이 살고 있었다. 그 지역에서 폴란드인과 독일인의 민족적 대립은 사회적 긴장에 의해 더욱 더 첨예화되었다. 폴란드인 주민은 대다수가 노동자였고, 그에 비해 산업이나 행정의 요직은 대부분 독일인에 의해 독점되었다. 이 같은 민족적·사회적 대립에도 불구하고 폴란드인과 독일인 사이에는 많은 공통점이 있었다. 예를 들면 폴란드인과 독일인 노동자가 함께 같은 자유노동조합(Freie Gewerkschaften), 사회민주당, 노동운동의 문화기구에 소속되어 있었다. 또 그것은 독일중앙당과 가톨릭동맹에도 거의 적용된다.

독일에서는 오스트리아의 사회민주주의 노동운동과 달리 민족문제가 2차적인 역할밖에 하지 않았는데, 독일사회민주당은 폴란드인 노동자를 자기편으로 끌어들이기 위해 폴란드어 노동자신문 발행을 지원했다. 게르만화 정책은 오버슐레지엔에서도 폴란드민족운동의 각성과 강화를 촉구했다. 오버슐레지엔은 독일의 제국의회(Reichstag)에 폴란드인 의원을 보냈는데 그 가운데는 오버슐레지엔에서의 폴란드민족운동의 상징적 존재인 보이치에흐 코르판티도 있었다.

제1차 세계대전의 결말과 폴란드 국가의 부활은 오버슐레지엔에서의 민족적 긴장을 첨예화했다. 폴란드인 주민 대부분은 폴란드공화국과의 연결을 위해 노력한 데 비해, 독일인 주민은 독일과의 결합을 호소했다. 노동운동 지지자 대부분은 오버슐레지엔이 독일에 남는 것에 찬성했다. 베르사유 조약의 수락, 오버슐레지엔에서 협상국(entente)의 점령정부 창설, 그리고 주민투표의 준비는 민족적 긴장을 극도로 높였다. 폴란드 국가에 의해 지지되고 완전히 기정사실이 되었던 오버슐레지엔의 세 차례 봉기(1919, 1920, 1921)는 전쟁이나 다름없는

40__ 빈 회의에 의해 1815년에 만들어진 폴란드 왕국이다. 1830년에 발발한 '11월 봉기'가 실패한 뒤에는 러시아 측이 감행한 보복으로 왕국의 자율성이 약화되면서 거의 명목뿐인 정체로 전락했다. 1864년에 '1월 봉기'를 완전히 진압한 러시아 측은 그 직후에 폴란드 왕국을 소멸시키고, 그 영토를 제국의 직할 영토로 편입시켰다.

상태로 악화되었고, 그것은 양 국민의 관계에 두고두고 영향을 미쳤다. 오버슐레지엔을 둘러싼 논쟁은 특히 과격한 독일 민족주의를 발생시켜 역사의 날조를 가져왔다.

1921년 3월의 투표는 앞에서 기술한 바와 거의 일치하는 결과가 되었다. 농촌 인구는 과반수가 폴란드에 투표하고, 공업지역의 도시에서는 과반수가 독일에 투표했다. 여기에는 물론 베르사유 조약에서도 예상되었으며 실제로 독일에 의해 촉진되었던 독일에서 슐레지엔으로의 이주(합계 118만 6,964표 중에 약 20만 표)가 결과에 영향을 주었다는 점이 고려되어야 한다. 투표 결과, 독일로의 귀속을 지지하는 비율은 약 60%, 폴란드로의 귀속을 지지하는 비율은 약 40%였다. 오버슐레지엔의 분할에는 세 차례의 봉기도 영향을 미쳤지만, 분할은 주로 다른 관점에서 추동되었다. 즉 교통기술적으로 유리한 국경을 갖는 일체성 있는 영토를 만드는 중요성과, 공업지역을 두 나라로 분할하려는 협상국의 요구다. 그 결과, 폴란드에 독일인이, 독일에 폴란드인이 남게 되었다. 공업지역의 분할은 이 지역 주민에게 장애가 되었지만, 후에 주민투표지역에 적용된 1922년의 제네바 협정에 따라 1922년에서 1937년의 15년간 완화되었다.[41]

자유도시 단치히/그단스크의 창설은 국제적인 논의의 결과였다. 프랑스가 단치히/그단스크와 비스와강 하구를 폴란드에 병합시키려고 하자, 영국은 국제연맹하의 자유도시라는 타협안을 제출했다. 이 해결은 폴란드인도 독일인도 만족시킬 수 없었다. 폴란드인에게는 — 주로 경제적 이유에서 — 발트해 연안 항구의 소유와 비스와강 하구의 지배가 결정적인 의미를 가지고 있었다. 독일인은 주로 독일인이 살고 있는 도시의 분리로 민족자결권을 침해당했다. 단치히/그단스크 문제와 이른바 폴란드 회랑 문제는 장기간에 걸쳐 독일과 폴란드의 관계를 악화시켰다.

동프로이센과 서프로이센의 주민투표에서는, 주민 대다수가 민족적·언어적인 차이에도 불구하고 국가적 전통이나 일부 종파(마주리[Mazury]인)로 인해 프로이센 국가에 귀속의식을 가지고 있었다는 사실이 결정적으로 중요하게 작

41__ 국제연맹이 중재하여 1922년에 양국 대표들이 향후 15년간 양측이 점유한 지역에 거주하는 소수자들의 권익을 보호하기로 합의한 사실을 말한다.

용했다. 협상국 관리당국이 오버슐레지엔에서는 폴란드를 후원하는 입장을 취했던 것에 반해, 동프로이센과 서프로이센의 주민투표 실시지역에서는 오히려 친독일적인 태도를 취했던 것이다.

폴란드를 위협하고 약체화시킨 소비에트 러시아군의 반격이 행해진 1920년 7월이라는 시기도 주민투표에 영향을 주었다.(90% 이상이 프로이센에의 잔류를 지지했다.)

권고17은 '독일-폴란드 권고' 26항 중에서도 가장 긴 문장이다. 이에 앞서 권고14에서 16까지는 제1차 세계대전 중에 폴란드가 독립을 회복하는 과정을 다루었으며, 특히 권고14는 대전 초기 독일의 대 폴란드 정책을, 권고15는 협상국 측의 대 폴란드 정책을, 또 권고16은 독일과 오스트리아-헝가리 제국이 붕괴된 후의 독일-폴란드 관계를 비교적 상세히 그리고 있다. 이들 권고가 다루는 주제는 제1·2차 세계대전 사이의 독일 교과서에만 매우 상세하게 묘사되고 있을 뿐이다. 독일은 제1차 세계대전에서 패함으로써 서부에서 알자스-로렌 지방 이외를, 동부에서는 포젠 / 포즈나인과 이 권고에 쓰여진 오버슐레지엔 일부(게다가 국제연맹이 감독하는 자유도시가 된 단치히 / 그단스크)를 상실했는데, 당시의 교과서에서 이를 크게 다룬 것은 그 잃어버린 땅이 많은 독일인에게 치명적으로 받아들여지고 있었음을 보여준다.

그것에 비해 전후의 교과서에는 이 잃어버린 땅에 대해 대단히 간결하게만 기술하고 있다. 제2차 세계대전 후 동부 영토의 실질적인 상실에 대해는 상세하게 적고 있으면서도, 제1차 세계대전 후의 국경 변경에 대해서는 민족자결권이 독일인에게 충분히 적용되지 않았다는 것만 간단히 확인하고 넘어갈 뿐이다. 이것은 어떤 의미로는 당연하며, 또 제1·2차 세계대전 사이

베르사유 조약 이후의 독일

의 교과서 기술이 폴란드에 대한 보복주의적인 심정으로 뒷받침되었음을
생각해볼 때 이런 간결한 기술을 부정적으로만 평가해서는 안 될 것이다.
그러나 기술이 단순해짐에 따라 폴란드인의 모습도 독일 교과서에서 사라
져버렸다. 또 제1차 세계대전 후에는 그렇게 격한 대립이 영토 문제와 관련
하여 발생했다는 사실 자체가 잊혀져가고 있다.

이 같은 망각이 두 나라가 지닌 역사인식의 격차가 메워졌음을 의미하지
는 않는다. 독일의 민족자결권이 인정되지 않았고 부당한 취급을 받았다는
인식은, 폴란드를 베르사유 체제의 최대 수익자로 간주했던 이전의 역사인
식과 그다지 변한 부분이 없는 것이다. 마이어는 바이마르시대의 새로운
국경선이 부당한 이유로 아래의 5가지 점을 언급했다. 첫째로 동프로이센

이 독일 본토와 분단된 것, 둘째로 독일인의 도시[42]였던 단치히 / 그단스크가 주민의 의사를 거스르고 독일로부터 분리된 것, 셋째로 오버슐레지엔 내에서 경제적으로 가장 중요한 지역을 주민투표 결과를 무시하고 폴란드에 준 것, 넷째로 서프로이센과 포젠 / 포즈나인처럼 독일인 주민이 더 많은 광대한 지역이 주민투표 없이 폴란드령으로 된 것, 그리고 다섯째는 새로 폴란드령이 된 지역에서 많은 독일인 주민이 독일로 추방당했다는 것이다.

이에 대해 '독일-폴란드 권고'는 권고16에서 이른바 단치히 / 그단스크 문제에 대해 언급하기를, 동프로이센은 분명히 독일 본토와 분리되었지만 베르사유 조약도 예정하고 있던 1920년의 교통협정이 두 지역 간의 교통상 연락을 규정하게 되었다고 서술하고, 권고17에서는 비스와강 하구지대를 획득하는 것이 폴란드에게 일종의 사활 문제로 받아들여졌고 또 국제연맹하의 자유도시라는 결정도 프랑스와 영국의 타협의 산물로서 그것에 대해서 폴란드인은 만족하지 않았다고 되어 있다. 그 밖에 오버슐레지엔의 공업지대가 분할되고 그 일부가 폴란드 측에 주어진 것 역시 연합국 측의 요구에 기인한 것이었으므로, 이 같은 결과를 반反 폴란드 감정과 연관 짓는 것은 잘못된 일이라고 밝히고 있다.

이런 점에서 권고14~17은 앞의 네 권고와 마찬가지로 서독의 역사교과서에 대해 폴란드와의 관계를 보다 상세히 기술하도록 요구하는 동시에 안이한 망각 속에서 자국 중심주의적인 역사 이해가 온존되는 것에 주의하기를 다시 한 번 촉구한 것이다.

42＿ 독일인이 전체 인구의 90%를 차지했고, 나머지는 여러 소수민족들이 포함되어 있었다.

권고19의 논점

1933~1939년의 독일-폴란드 관계에 대해서

1930년부터 1932년까지 독일의 대 폴란드 정책은 국경 수정주의의 첨예화 그 자체였으며, 다른 한편으로 폴란드 정부는 세계 경제공황의 결과 고조되고 있던 나치즘의 성격에 대해, 또 히틀러가 정권을 잡은 것이 독일의 외교 정책에 끼친 영향에 대해 잘못 판단했다.

1934년의 독일-폴란드 불가침조약은 '우호조약'이 아니었다. 이 선언에 서명한 나치스 정부는 이로써 스스로를 유럽의 '질서유지자', '평화의 창조자'라 선전할 구실을 얻었다. 폴란드 측은 이 선언에 의해 독일과 밀접한 관계를 맺고, 독일이 서유럽 국가들과 제휴해서 폴란드를 위협하는 일이 없어지기를 기대했다. 폴란드 측의 또 하나의 동기는, 이 선언에 의해 소련이 서유럽 국가들과 관계 맺지 못하도록 하는 것이었다.

히틀러는 폴란드를 위성국으로 만드는 데에 실패했기 때문에 1939년 전쟁에 의한 해결을 결심했다. '단치히 / 그단스크 문제'는 그에게 구실에 지나지 않았다. 이 같은 상황하에서 폴란드는 자국의 독립을 포기하느냐 무력으로 저항하느냐의 선택을 해야 했다.

권고18이 바이마르공화국시대에 있었던 독일-폴란드의 긴장 관계를 다룬 데에 비해, 권고19는 히틀러가 정권을 잡은 다음의 두 나라 관계를 다루었다.

이 권고에 대해서는 우선 1934년의 불가침조약이 진정한 의미의 우호조약이 아니었다고 분명히 말한 점에 주목할 필요가 있다. 1972년의 시점에서 히틀러와 피우수트스키(Józef Piłsudski)에 의한 선언을 서독의 역사교과서는 아주 평범하게 '독일-폴란드 우호조약'이라 부르지만, 바르샤바 회의에서 폴란드 역사가는 이러한 이해에 반발했다. 폴란드 측의 견해에 따르면, 그 조약은 일종의 외교적인 사기이며 '우호'라는 말로 본질을 감추는 일은 허용할 수 없다는 것이었다.

또 공동교과서위원회가 이런 폴란드 역사가의 의견을 존중한 것은 이 교과서 대화 자체에 대한 자기 이해를 보여주는 것이기도 하다. 권고7을 살펴볼 때 언급했듯이, 독일과 폴란드 사이에는 전쟁 전 1937~38년 동안에 세 차례에 걸쳐 역사교과서를 둘러싼 국제회의가 열린 적이 있다. 그리고 이 대화는 1934년의 불가침조약과 뒤이은 1936년의 출판협정(출판물을 중심으로 두 나라의 매체에서 서로에게 적대적인 기술을 제거하기로 약속한 조약)의 연장선상에서 실현되었다. 즉 제2차 세계대전 이전에 대화의 기초가 되었던 불가침조약이 '우호조약이 아니었다'고 단정하는 것은 현재의 활동과 이전 활동 사이의 단절을 강조하는 것이라고 할 수 있다. 이는 독일-프랑스 대화와는 정반대다.

전후 최초의 독일-프랑스 대화는 1935년의 경험이 비록 나치스의 공인 하에서 행해진 것이라고 할지라도 그 성과를 다시 평가하는 형태로 계승하면서 개시되었다. 이에 비해, 불가침조약에 대한 완전부정이라고도 할 수 있는 위의 평가를 보면, 1972년에 시작되는 독일-폴란드 대화의 주도자들이 제2차 세계대전 이전 대화와의 관련을 일절 끊어버리고자 했음을 알 수 있다.

권고19에 관해 하나 더 명확히 해두지 않으면 안 되는 것은, 거기에 독일의 폰 리벤트로프(von Ribbentrop)와 소련의 몰로토프(Molotov) 사이에 맺어진 독소불가침조약 및 부속 비밀의정서가 언급되어 있지 않다는 점이다. 1939년 9월 1일 독일군이 폴란드령 내에서 '학대'당하는 독일계 주민을 보호한다는 명목으로 폴란드에 침공하자 약 2주 후에 동쪽에서 소련도 폴란드로 공격해 들어갔다. 이것이 8월 23일의 독소불가침조약 비밀의정서를 통해 두 나라가 약속했던 조치였다는 것은 서독을 비롯한 서방 국가들에게는 1972년의 시점에서 이미 상식이었다. 그러나 당시 폴란드 교과서에는 이 독소불가침조약 자체가 언급되고 있지 않았고, 더욱이 그 부속 비밀의정서에 대해서는 공공연히 말할 수 없었다. 단적으로 말하면, 폴란드의 역사 연구자는 그 사실을 알면서도 소련에 대한 배려 때문에 '있어서는 안되는 일'로 취급해왔던 것이다.

이것과 관련해서 소련과 폴란드 사이에는 이른바 '카친 숲의 학살'이라는 문제도 있었다. 이것은 1939년 소련의 침공으로 포로가 되었던 수많은 폴란드 장교가 살해되어 스몰렌스크의 서쪽 이른바 카친 숲에 묻힌 사건이다. 그 땅에 침공해왔던 독일군이 대량학살의 흔적을 발견함으로써 이 학살이 세상에 알려지게 되었지만, 소련은 당초부터 그것이 독일군에 의해 자행된 것이라 주장해왔다. 물론 폴란드 측은 이전부터 이것이 소련이 행한 일이라는 것을 알고 있었지만 역시 소련 정부에 대한 정치적인 배려 때문에 그것을 분명히 할 수가 없었다.

이런 문제는 두 나라의 역사 이해가 명확히 다른 이상 논의의 대상이 될 수 있으며, 엄밀하게 말하면 폴란드 교과서에 대해 진실을 묘사하도록 요구하는 권고가 작성되어야 마땅했다. 그러나 결국 이것은 권고에 포함되지 않았다. 거기에는 분명히 폴란드 역사가가 처한 입장에 대한 독일 측의 배려가 있었다. 어쩌면 대화를 시작하기 전부터 이 두 가지에 대해서는 합의가 이루어지지 않으리라 어느 정도 예상할 수 있었을 것이며, 이와는 반대로 에케르트를 비롯한 독일 역사가가 이 같은 중요한 문제에 관해 논의를 미루더라도 우선은 대화를 시작하는 것이 더 중요하다고 생각한 것이다.

물론 이러한 자세는 학문적으로 보아 반드시 성실하다고 할 수는 없다. 그것은 독일 역사가도 충분히 인식하고 있었다. 그러나 '독일-폴란드 권고'의 독일어판 해설에는 다음과 같은 한 구절이 보인다.

> 의도적으로 간결하고 또 테제형식을 취한 이 권고는 독일과 폴란드의 역사가가 공동으로 책임을 지고 편집한 최초의 독일-폴란드 관계사를 제공하는 것이다. …… 그러나 당연하게도 권고는 1000년에 걸친 독일-폴란드 관계사 전체를 서술하려는 것은 아니다. …… 또 여기에 쓰여 있지 않은 많은 사건을 교과서에 쓰지 말아야 한다는 것을 의미하지 않는다. 이 권고를 손에 넣은 교과서 집필자나 교사는 당연히 더 많은 사실을 받아들여야 하며 적어도 그런 지식이 있어야 한다. 이 같은 점에 대해서는 해석상의 대립이 없는 경우도 있는가 하면 반대로 매우 큰 경우도 있다.

요컨대 해석상의 대립이 매우 컸기 때문에 합의에 이르지 못한 경우도 있다는 것이다. 물론 이것도 엄밀히 말하면 부정확할지 모른다. 위의 두 가지 점에 대해서는 사실 독일 역사가와 폴란드 역사가 사이에 그 정도로 큰 인식의 차이가 있었던 것은 아니었다. 오히려 두 나라에서 온 참가자들은 실제로 상대의 사정을 서로 충분히 인식하고 있었으며, 그 배후에는 상당한 정도의 공통된 역사 이해가 성립했던 것으로 미루어 헤아릴 수 있다. 그러나 당시의 세계에서 이 점에 대해 입장을 명확히 하는 것은 대화를 거부하는 일이나 다름없었다. 또 이 권고는 권고에 쓰여 있지 않은 것은 교과서에 쓰지 말아야 한다고 주장하는 것도 아니다. 권고19는 말하자면 회색지대를 잘 활용한 것이라 할 수 있다.

권고20의 논점

제2차 세계대전 중 나치스의 점령 정책과 저항

제2차 세계대전을 다룰 때는 나치스의 점령 정책과 그것이 폴란드 국민에게 초래한 결과가 충분히 그려져야 한다. 또 히틀러체제가 지향했던 것이 단지 폴란드 국가의 말살에 그치지 않고 폴란드 지식인과 문화의 근절, 폴란드 국민의 억압, 그리고 폴란드의 식민지화에 있었다고 하는 점을 분명히 해야만 한다. 이 사실과 폴란드 국가의 존속을 상징했던 폴란드 군대의 투쟁, 또 폴란드의 저항운동, 특히 바르샤바 게토 봉기(1943)와 바르샤바 봉기(1944)가 평가되어야 한다. 폴란드 교과서에서 독일인과 '파시스트'가 구별되는 것은 반가운 일이며, 독일의 저항운동도 폴란드의 그것과 마찬가지로 위대한 유럽 저항운동의 일부로서 한층 상세히 취급되는 것이 바람직하다. 권고19, 20을 보충하기 위해 1933~45년 독일–폴란드 관계의 많은 곤란한 문제에 관해 1977년부터 공동회의와 심포지엄이 예정되었다.

이 권고의 주요한 논점은, 첫째로 특히 독일 역사교과서가 폴란드에서 행한 나치스의 가혹한 점령 정책을 정확히 그리도록 하는 것, 둘째로 폴란드 저항운동의 의의를 정당하게 평가하도록 하는 것, 두 가지다.

이 가운데 첫 번째 점은, 일본과 이웃나라들의 관계에 관심이 있는 우리들의 눈을 끌어당기지만, 공동교과서위원회의 회의에서는 실제로 그다지 큰 논쟁을 불러일으키지 않았다. 그것은 어떤 의미에서 당연한 내용으로 받아들여졌다. 물론 독일에서도 특히 보수진영 사이에는 어두운 과거를 되도록 언급하지 않기를 바라는 마음이 있으며, 또 '아우슈비츠는 공산주의자의 조작'이라고 생각하고 있는(혹은 생각하고 싶은) 극우세력도 소수이지만 아직 존재한다. 그러나 이 같은 '극복되지 않는 과거'의 문제를 서독 사회가 계속 끌어안고 있는 것은 자명하며, 그렇기 때문에 이 같은 교과서 대화의 의의가 인정되는 것이다. 특히 1960년대 말 이후 학생운동이 고조되는 가운데 학부모들 곧 전쟁세대의 책임(혹은 생활방식이나 가치관·세계관 그 자체)이 다시 추궁되는 과정에서, 서독의 역사교과서는 나치스가 각지에서 행한 테러행위에 대해 꽤 상세히 묘사하고 있었다. 그 같은 상황하에서 폴란드와의 사이에 이런 권고가 만들어진 것은 당시 서독 역사교과서의 자발적인 개선에 한계가 있었음을 시사하는 동시에, 이 대화 자체가 그 같은 한계를 넘으려는 시도 중 하나였음을 의미한다. 대화에 참가한 독일 역사가 가운데는 당시의 새로운 서독 역사교과서에 자신을 가지고 대화에 임한 사람들도 있었지만, 그때까지의 개인적인 대화 등을 통해 폴란드 역사가의 생각을 알고 있던 사람들은 이런 지적을 충분히 예상하고 있었다.

두 번째 점에 대해서도 기본적으로는 거의 마찬가지다. 폴란드 역사가로부터 이 같은 요구가 제기되리라는 것은 일부 서독의 참가자들에게 충분히 예상된 일이었다. 적어도 마이어는 충분히 인식하고 있었다. 그가 1956년에 테제를 발표했을 때 이미 이 문제는 폴란드 역사가에 의해 명확히 되었기 때문이다.

그러나 이 점은 첫 번째 점보다도 더 중요한 의미를 갖는다. 첫 번째 점이 문제시한 것은, 새롭게 등장한 서독 교과서마저도 전쟁 중에 특히 폴란드인들에게 독일인이 행한 행위를 충분히 묘사하고 있지 않다는 것이다. 이 지점에서 현재의 독일인들에게 과거 독일인의 행위를 다시 돌아볼 것이 요구된다. 한편 두 번째 점이 요구하는 것은 전쟁 중 폴란드인들의 저항운동을 정당하게 평가하는 것이다. 이것은 단지 자국의 어두운 과거를 솔직히 바라보려는 태도만으로는 나오지 않는 요구이며, 국내적인 노력만으로는 문제의 존재 자체를 깨닫기 어려운 성질의 것이다.

　가해자가 자기 역사를 반성하는 것은 오히려 상대적으로 용이한 일이다. 정말로 어려운 것은 피해자의 입장에서 역사를 보는 것이다. 피해자의 관점에서 역사를 봄으로써 자신의 가해 사실을 인식해야 하지만, 그것은 최소한에 불과하다. 거기에는 피해를 받은 측의 주체성을 확인하는 것이 요구된다. 그러나 상대의 입장에 서는 것은 현실적으로 대단히 어려운 일이다. 즉 과거에 대한 성실한 자세도 자국중심주의적인 경향을 벗어나기 어려우며, 반대로 우리들 속에 이 같은 본질적인 장애가 있기 때문에 국제적인 대화의 특별한 의의가 인정된다고 할 수 있다. 물론 첫 번째 점은 상대적으로 쉬운 자국사에 대한 비판적인 대응도 실제로는 결코 쉽지 않아서 국제 대화가 불가결하다는 점을 시사하고 있지만, 이 두 번째 점은 국제 역사교과서 대화의 보다 본질적인 부분을 명확히 했다고 할 수 있다.

　또한 이 권고의 후반부에 나오는 "독일인과 '파시스트'가 구별되는 것은 반가운 일이며, 독일의 저항운동도 폴란드의 그것과 마찬가지로 위대한 유럽 저항운동의 일부로 한층 상세히 취급되는 것이 바람직하다"라는 구절을 어떻게 평가하는지는 어려운 문제다. 1963년에 킬에서 열린 독일-프랑스 회의에서는 "외국에서는 일반적으로 그다지 알려져 있지 않은 독일의 저항운동이 더 강조되어야 한다"라는 권고가 종합되고 또 1987년에도 두 나라 사이의 대화에서 다음과 같이 이야기되었다.

「프랑스의 교과서에서 나치즘을 다룬 것에 대한 권고」
　6. 제2차 세계대전 중 독일국민의 생활조건과 저항운동이 묘사되어야 한다. …… 프랑스 제3학급[43]의 교과서는 히틀러에 대한 독일의 저항운동을 언급하지

않았다. 이것은 나치스 지배체제에 대한 유럽의 저항운동을 상세히 묘사한 교재에도 해당된다. 그러나 1933년 이래 노동자, 교회, 그리고 학생에 의한 저항운동의 존재, 그리고 1944년 7월 20일의 저항운동[44]에 대해서 상세하게 기술되어야 한다. 그 영향력이 제한되었던 것, 그리고 이들 저항운동이 경험한 극도의 위험은 나치스체제의 잔혹함을 나타냄과 동시에 독일에 기본적인 인간적 가치를 위해 자신의 생명을 던진 인간이 있었음도 보여준다.

폴란드와의 대화 참가자와 프랑스와의 대화 참가자가 다른데도 같은 권고가 반복해 정리된 점을 통해 서독 역사가가 회의 당시 반드시 '독일의 저항운동'에 눈을 돌리도록 주장했으리라고 추측할 수 있다. 그리고 이 지점에서 오늘날에도 여전히 중요한 논점이 나타난다. 그것은 '이 같은 주장은 저항운동의 존재로 일반 독일인의 책임을 면제하려는 것은 아닌가?'라는 의문이다. 확실히 1976년 '독일–폴란드 권고'가 말하듯이, 압도적 다수의 독일인이 열광적인 히틀러 파시스트였을 리는 없다. 체제에 순응했을 뿐인 사람들, 비판적이면서도 반대 소리를 낼 용기가 없었던 사람 등 다양한 집단이 존재했을 것이다. 요컨대 독일인 전반이 히틀러 파시스트였던 것처럼 파악하는 대략적인 논의는 분명히 부정확하며, 3개의 권고에 쓰여 있는 것은 일단 타당하다고 볼 수 있다.

또 현대의 독일인들이 당시의 체제파가 아니라 반체제파의 행동, 즉 저항운동 측에서 정체성을 발견했다고 한다면 그 의미는 크다. 동서독의 통일 후에 구동독에서 구서독으로 도망치려는 사람들을 명령에 따라 사살한 국경 경비병을(정상 참작을 하더라도) 유죄로 결론 내린 배경에도 공통된 인

43__ 대략 일본의 중학교 3년에 해당한다.(원주)
44__ 히틀러 암살미수 사건으로, 관계자 약 5,000여 명이 처형되었다.(원주)

식이 일부 작용했다고 생각할 수 있다. 거기에서 국가의 명령은 이미 절대적인 것이 아니다. 악법에 따를 것인가 아닌가는 개인의 결정이며 개개의 행동에 대한 책임은 최종적으로는 개인에게 있다고 본다. 이렇게 해서 저항운동을 바른 행위로서 적극적으로 평가하는 것은, 나치스에 대한 형식적인 비판에 그치지 않고 나치즘을 낳은 기초적 사회조건인 국가에의 의존을 통한 '개인의 소멸'이라는 경향에 대항하는 요소가 될 수 있는(물론 저항운동에도 여러 가지 경우가 있고 그것들을 모두 일반론으로 똑같이 긍정할 수는 없지만) 것이다.

그러나 일부 히틀러를 열렬한 추종하는 파시스트 이외의 독일인들을 모두 저항운동에 가담한 사람들과 동일시할 수는 당연히 없다. 게다가 엄격한 입장을 취한다면, 마르틴 니묄러(Martin Niemöller, 나치스에 저항하는 고백교회〔Bekennende Kirche〕를 지도했던 루터파 신학자)가 말한 바와 같이, 저항운동에 가담한 사람에게도 그것을 성공시키지 못한 책임이 있다.

이 점에 대해 마이어는 1956년에 다음과 같이 말했다.

만약 제2차 세계대전 중에 폴란드나 소련에서 독일이 친위대[45]의 테러 행위를 앞세워 지배를 한 것이 이른바 '민족의 알리바이'라고 강조된다면 그것도 고정관념일 것이다.

이 같은 내용의 한 구절이 권고에 쓰여 있다면 어떤 문제도 생기지 않았

45＿ 국방군에 속하지 않은 나치스 군사조직을 말한다. 나치스의 비합법적 행위는 전적으로 친위대에 의한 것이며, 국방군은 시종 전시국제법戰時國際法에 의거해 싸웠다고 하는 잘못된 역사 이해가 독일에서는 비교적 광범위하게 존재하며, 근래에는 그것이 문제가 되고 있다. (원주)

을 것이다. 모든 독일인을 히틀러 파시스트로 보는 식의 단순한 역사 이해
는 확실히 정정되어야 한다. 그러나 일부 열광적인 나치스 이외의 사람들
에게도 제각각 책임이 있으며, 독일인 전체를 같은 죄로 유죄라고 하는 것
이 잘못인 것과 마찬가지로 나치스 이외는 모두 무죄로 보는 것도 과도한
단순화다. 그리고 이 같은 역사 이해로 독일인의 책임을 대폭 경감시키는
것을 바라는 사람들이 적잖이 존재하기 때문에 권고에 쓰여 있지 않은 것
까지 추측하지 않을 수 없게 된다.

폴란드와의 대화에 참가한 독일의 역사가가 일반 독일인의 무죄를 호소
했다고는 생각되지 않는다. 그러나 한편의 단순화 경향을 경계한 나머지
다른 방향에 대해 주의하지 못했으리라는 것은 충분히 추측할 수 있다. 거
기에서 이 같은 의혹의 여지가 발생한 것이다.

권고22의 논점

주민 이동

제2차 세계대전이 종결되었을 때 영토 변경은 광범위한 주민 이동과 결부되어
있었다. 영토 변경의 목적은 되도록 국가와 민족의 경계를 일치시키는 데에 있
었다. 역사적인 민족항쟁의 경험, 특히 바로 얼마 전 나치스에 의한 폭력적인
주민·점령 정책이 여기에서 큰 의미를 가졌다.

포츠담 회담에 의해 폴란드에 양도된 오더강·나이세강 동쪽의 구독일령에는
1939년에 약 850만 명의 독일인이 살고 있었다. 그 약 반수와, 단치히/그단스
크의 독일인 주민, 또 폴란드 영내에 살고 있던 독일인 과반수는 이미 전쟁 종
결 이전에 큰 손실을 입으면서 오더강·나이세강 서쪽의 독일령으로 소개疏開되
거나 피난했다. 오더-나이세 지역에 남아 있던 독일인 주민 대부분은 1945~47
년에 퇴거당하거나 연합국 간의 이전협정에 의거하여 강제 이주되었다. 그후

1956~7년에 다시 개별 이주나 가족 합류와 같은 방식으로 개인적인 출국이 행해졌다. 독일인 주민이 비워준 지역에는 그동안 살고 있던 폴란드인의 정착 이주가 계통적으로 이루어졌다.

독일의 4개 점령 지구에서는 난민이나 강제적으로 이주된 사람들이 단기간 내에 사회에 동화되었다. 그들은 서독의 경제부흥에 큰 역할을 했다. 독일연방공화국에서 이런 집단은 모두 '고향에서 추방당한 자'라는 개념으로 포괄되었다. 그 대부분이 동향단체에 가입했다. 자신들의 정당[46]을 만듦으로써 독자적인 정치세력을 이루려 했던 시도는 일찍이 1957년에 좌절되었다.[47] 이러한 집단이 이전의 연방정부의 지지를 받아 고향에 대한 권리를 공언하고 있는 이상 그들은 폴란드에서 국경수정주의의 수호자로 간주되었다.

그러나 연방정부와 주정부는 여러 가지 방법으로 이러한 집단을 물질적·사회적으로 이주처에 동화시키려고 노력했다. 그런 노력에 의해, 이 집단이 사회적 불만을 품은 분자가 되어 외교적으로도 위험한 폭발이 발생한다고 하는 사태는 피할 수 있었다. 그들은 꽤 전부터 정치적으로도 독일연방공화국의 대 정당과 사회조직에 편입되어 있었다.

권고21이 오더-나이세 국경의 성립 경위를 기술한 다음, 이 권고는 국경 변경을 전후해서 일어난 그 지역 독일인 주민의 새로운 독일령으로의 이동을 다루었다. 이 장의 앞부분에서 보았듯이, 이때 독일에 유입된 사람들을 독일에서는 통상 '피추방민'으로 불러왔다. 확실히 그들 중에 기꺼이 독일로 이주한 사람은 거의 없을 것이다. 추방이라는 말에는 대대로 살아왔던 고향에 모든 재산을 남겨두고 겨우 몸에 지닌 것만 가진 채 폴란드인들의

46__ '전全 독일 블록/피추방민 및 권리상실자 연맹(GB/BHE)' 즉 고향에서 추방된 사람과 권리를 박탈당한 사람들의 연맹을 말한다.(원주)

47__ 1957년도 연방의회 하원의원 선거 이후부터 GB/BHE가 의석을 획득하지 못하게 되었음을 뜻한다.

비인도적인 취급을 받으며 자신의 다리만으로 배고픔과 싸우면서 독일을 목표로 서쪽을 향해 수백 km를 계속 걸어온 사람들이라는 이미지가 결부되어 있다.

공동교과서위원회에서 폴란드 위원은 폴란드 정부에 의한 비합법적인 조치를 고발하는 뉘앙스를 품은 이 말에 강하게 반발했다. 폴란드 측에서 볼 때 새롭게 폴란드 통치하에 놓인 지역에서의 이송은 연합국도 인정한 것이었으며 그 합법성에 의문의 여지는 없었다. 도망가는 독일인을 향한 폴란드인의 폭력도 그 이전에 독일인이 폴란드인에게 행했던 비인도적인 여러 가지 행위를 생각하면 이해할 수 없는 것은 아니다. 게다가 '추방'에 부수되는 불법행위를 고발하는 것은 애초 새로운 국경선의 확정이 불법이며 무효라고 하는 서독 보수파의 주장과 연결되는지도 모른다. 이것은 폴란드 국가가 절대로 허용할 수 없는 견해이며 만약 독일 측 위원이 '추방'이라는 표현을 고집한다면 폴란드 역사가에게는 대화를 계속하는 것 자체가 불가능했다.

한편 독일 측 위원도 이 대화가 오다-나이세 국경을 사실상 승인한 데에서 시작된 이상 국경선의 수정을 정상화하자는 입장은 논외였다. 그러나 '추방'이라 불러야 할 경우, 즉 권고의 표제에 있는 '주민 이동'이라는 말이 적당하지 않은 수많은 경우가 있었던 것도 사실이어서 이 딜레마를 해결해야 했다.

이 권고 중에 '강제로 이주당했다'라는 표현은 궁여지책이라고 해야 할 것이다. 그러나 이것은 단순히 바꿔 말한 것은 아니다. '강제적인' 이주가 있었다는 것은 강제적이 아닌 형태가 존재함을 시사한다. 즉 '전쟁 종결 전에 소개되거나 피난'했던 '난민'도 있었음을 이 권고는 분명히 밝혔다. 당시 서독 역사교과서는 진정한 의미에서의 피추방민뿐만 아니라 이 같은 난민도 전부 포함해 '추방당한 사람'으로 여겨왔다. 부동산과 그 밖의 재산을 폴란드 정부에 빼앗겼던 것은 사실이지만, 이 사람들은 적어도 위에서 언급했던 이미지와는 멀리 동떨어져 있다. '추방'이라는 단어는 실은 애매한 단어이므로, 이 권고는 더 정밀하고 본래적인 의미의 '추방'에 '강제 이주'라는 단어를 할당함으로써 딜레마를 해결하고 있는 것이다.

권고26의 논점

정상화로 향한 길

1960년대 초에는 두 나라의 경제적·문화적 관계가 다시 활발해졌다. 그 이후 독일연방공화국에서는 폴란드 문화와 폴란드의 새로운 정치에 대한 관심이 높아졌다. 독일연방공화국에서 폴란드와의 화해를 요구하는 여러 사회집단의 소리가 늘어났다. 이제 막 시작된 의식의 변혁에 대해 폴란드에서도 공감하는 사람들이 늘어났다.

이 모두가 역사에 의해 제약된 폴란드인과 독일인 사이의 불신감을 해소하기 위해 중요했다. 왜냐하면 거기에 상호 인식에서의 정상화가 나타나 있기 때문이다. 거의 같은 시기에 통상조약이 체결되고 1963년에 무역대표부가 설립됨에 따라 경제 관계의 강화가 가능해졌다. 그 결과 이 시기에 연방공화국은 폴란드의 서방 측 최대 무역상대국이 되었다. 그러나 이러한 경위로 인해 관계가 훨씬 개선되고 또 평화적인 교류를 지향한 당시 연방정부의 성명(1966년 3월 25일의 평화각서, 1966년 12월 13일의 대ㅊ 연립정부의 성명)이 있었는데도, 폴란드 입장에서는 독일이 정책적으로 고수했던 법 해석[48]을 국경수정주의 정책으로 이어가는 것으로 간주되었다. 폴란드에서는 오다-나이세 국경의 승인이 두 나라

48__ 폴란드 관할 하에 놓인 지역을 독일의 영토로 보는 사고방식을 뜻한다. (원주)

의 관계를 정상화하는 기초가 되었다.

세계적인 긴장완화 정책(데땅뜨)의 틀에 있어서, 또 독일연방공화국의 폴란드 관계에 대한 여론이 변화한 것을 배경으로 1969년에 성립한 연방정부는 사회주의 국가들, 특히 폴란드에 대한 정책에서 새로운 국면을 만들어냈다. 이때 연방정부는 '독일연방공화국'의 이름으로만 정책을 실시했다. 이 정책은 곧 1970년 8월 12일 모스크바조약이라는 형태로 결실을 맺었다.

1969년 5월 폴란드의 제안으로 1970년 2월부터 조직적인 교섭이 이루어졌다. 이것은 1970년 12월 7일 폴란드인민공화국과 독일연방공화국 사이에 바르샤바 조약을 성사시켰다. 그러는 와중에 두 나라는 포츠담 협정에서 확정된 기존의 국경선이 폴란드인민공화국의 서부국경을 형성하고 있음을 확인했다. 두 나라는 서로 '현재의 국경선이 지금도 앞으로도 침범되지 않을 것', 그리고 '영토 완전성의 무조건 존중'을 확인했다. 두 나라는 '상호 결코 영토의 청구를 하지 않고 앞으로도 하지 않을 것'을 선언했다.

바르샤바 조약은 폴란드인민공화국과 독일연방공화국의 관계를 본질적으로 정상화하고 개선하기 위한 기초를 만들었다. 두 나라 정부는 이 협력을 1975년 8월 1일 헬싱키 협정의 정신에서 적극적으로 계속 발전시켜갈 의사를 확인했다.

추방 문제를 다룬 뒤 권고는 전후 서독과 폴란드의 곤란한 관계를 개관하고 끝으로 이 '정상화에의 길'로 마무리되었다. 여기에서는 특히 브란트가 외무장관이 된 대연립정권 성립 이후의 두 나라 관계의 호전, 그리고 1969년에 성립한 브란트 정권하에서 모스크바, 바르샤바 두 조약이 체결되어 두 나라 관계가 정상화로 향하는 모습을 그리고 있다. 즉 고대사에 대한 이해의 차이에서 시작된 공동교과서위원회의 권고가 공동교과서위원회 설립 배경인 당시의 두 나라 관계를 논하며 마무리된 것이다.

26항목으로 이루어진 '독일-폴란드 권고'는 대단히 긴 시간을 다루고 있고, 또 관점도 군사·정치·외교사, 문화사, 사회경제사 등으로 다양하다. 그러나 오다-나이세 국경을 확인한 바르샤바 조약과 유럽에서의 국경선 현상 불변을 호소하는 헬싱키 협정으로 마지막 권고가 마무리된 것이 상징하듯이, 두 나라 사이의 국경선을 둘러싼 역사 해석이 최대 논점 중 하나였음은 확실하다. 이것은 독일과 폴란드 사이에서 역사적으로 몇 번이나 국경선이 바뀌어왔던 것, 또 국가에서 국경선(즉 영토)은 가장 기본적인 요소임을 생각하면 당연한 결과일지도 모른다. 그리고 이 권고에서는 대부분의 경우 서독 역사가가 폴란드 역사가의 의견을 받아들이고 있다. 즉 이 대화는 구동부 영토의 포기를 분명히 함으로써 폴란드 국가의 존재를 보증한 이른바 동방정책에 의해 가능하게 되었을 뿐만 아니라, 내용적으로도 화해의 정신을 반영하고 있다고 해야 할 것이다. 구체적으로 말하자면, 현재 폴란드령으로 되어 있는 독일의 역사적인 영토에 관해 그 역사적인 권리가 실은 학문적으로 의심스러운 것임을 밝힘으로써 역사 이해 상 그 영토의 포기를 시행했다는 점에서 서독 역사가의 활동 의의가 인정되는 것이다.

그러나 이 같은 태도는 서독 국내에서 큰 반발을 불러일으켰다. 그것에 대해서는 다음 장에서 다루고자 한다.

3장 | 독일 – 폴란드 교과서 권고의 반향

보수파의 반발

제2장에서는 '독일-폴란드 권고'의 논점을 확인했다. 영토 문제나 폴란드에서의 문화적·사회적 성과에 대한 평가를 둘러싸고 종래 서독의 역사이해에 수정을 촉구하는 내용이 권고의 거의 전체를 일관하고 있음이 밝혀졌다. 이것은 서독이 나치즘과 대결한 결과로 성립한 국가이기는 했지만 실제로는 나치즘을 낳은 역사 이해가 학교 교과서 안팎에 계속 존재했음을 보여주며, 더 일찍 그런 역사 이해가 수정되어야 했지만 냉전 등의 여러 요인 때문에 1970년대까지 늦어져버렸다는 것을 보여준다.

그리고 제2차 세계대전 이전부터 거듭해온 국제 역사교과서 대화를 바탕으로, 또 어쩔 수 없이 구동부 영토를 포기한 서독 국내의 여론을 배경으로 실현된 폴란드와의 대화는 역시 국내 보수파로부터 격렬한 비판을 받았다.

공동교과서위원회에 의한 이 대화는 브란트의 사회민주당·자유민주당 연립정권에 의한 새로운 동유럽 외교의 성과이며, 또 그 외교 정책에 의해 필요하다고 여겨졌기 때문에, 처음으로 연방의회에서 야당이 된 기독교민주연합·기독교사회연합은 애초부터 이 대화에 비판적이었고, 그 중에서도 양 기독교연맹에 사실상 흡수되었던 피추방민연맹은 확실한 반대운동을 전개했다. 우익 정당과 밀접한 관계가 있는 뮌헨의 『독일민족신문(Deutsche National Zeitung)』은 공동교과서위원회의 서독 측 참가자에게 "범슬라브주의 선동의 공범", "민족적 마조히스트"와 같은 비난의 소리를 퍼부었다. 그리고 1974년 9월 제6회 회의가 끝난 뒤 '영토 변경'과 '주민 이동'에 대한 권고가 발표되자 상황은 한층 더 어려워졌다. 특히 오버슐레지엔에서 어린

시절을 보내고 전후 서독으로 이주했던 피추방민연맹의 부위원장 헤르베르트 후프카(Herbert Hupka)는 연방의회 안팎에서 공동교과서위원회의 활동을 비판하는 연설을 되풀이했다. 그에 따르면, 공동교과서위원회에 의한 권고는 폴란드의 공산주의적·민족주의적 관점을 강조한 나머지 역사의 진실을 경시했으며 역사학적 관점에서는 물론이고 정치적으로도 완전히 잘못되었다는 것이다. 그는 특히 오더-나이세 국경을 승인하는 자세는 헌법인 '독일기본법'에 분명히 위배되며 국제법의 관점에서도 허용하기 어렵다고 주장한다. 후프카를 지지하는 사람들은 "도대체 공산주의자 역사가 사이에서 당이나 국가의 이익에 구애되지 않는 자유로운 학문적인 논의가 가능한가?"라는 물음을 던졌다. 또 피추방민연맹은 기독교민주연합·기독교사회연합의 각 의원과 그 밖의 사람들에게 권고를 비판하는 문서들을 배포하고, 연방의회나 각 주의회에서 폴란드와의 대화를 지지하던 사회민주당을 중심으로 하는 세력에 압력을 행사했다.

권고의 대안

이와 같은 권고 반대파에게 더욱 큰 힘을 실어준 것이 1978년 7월에 마인츠대학의 요제프 요아힘 멘첼(Josef Joachim Menzel) 등에 의해 공포된 '교과서에 있어서 독일-폴란드 관계의 취급에 관한 대안 권고'다. 공동교과서위원회의 권고에 대한 종래의 비판이 제각각 개별 문제점을 논했던 것에 비해 이 '대안 권고'는 26항목 전부에 대해 비판을 가했다. 구체적으로 '독일-폴란드 권고'의 각 텍스트에서 동의할 수 없는 부분은 삭제 혹은 수정하고, 부족한 부분에는 멘첼 등이 생각했던 내용을 추가하는 형태로 이루어져 있다.

권고22 '주민 이동'을 예로 하여 수정 상태를 보기로 하자. 〔 〕안은 삭제해야 한다고 본 부분이고, **고딕 표시**는 추가해야 한다고 본 부분이다.

〔제2차 세계대전이 종결되었을 때 영토 변경은 광범위한 주민 이동과 결부되어 있었다. 영토 변경의 목적은 되도록 국가와 민족의 경계를 일치시키는 데에 있었다.〕

제2차 세계대전이 종결되었을 때 새로운 폴란드 동부 국경의 확정과, 서부에서 행정 구획선으로서 오더-나이세 선의 확정은 수백만의 사람들에게 고향을 떠나도록 강요하는 형태로 행해졌다.

폴란드 동부에서는 소련과 폴란드의 조약에 근거하여 150만 명의 폴란드인과 50만 명의 벨로루시인·우크라이나인 주민을 교환했고, 서부에서는 독일인 거주지역에서 약 850만 명의 독일인이 추방되었다. 또 여기에 1939년 이전에 폴란드령에서 쫓겨났던 100만 명 이상의 독일인이 가산된다. 국제적으로 국경선, 즉 행정 경계선은 민족 경계선과 일치하는 것이 요구되었다. 역사적인 민족항쟁의 경험, 특히 바로 얼마 전 나치스에 의한 폭력적인 주민·점령 정책이 여기에서 큰 의미를 가졌다.

〔포츠담 회담에 의해 폴란드에 양도된 오더강·나이세강 동쪽의 구독일령에는 1939년에 약 850만 명의 독일인이 살고 있었다. 그 약 반수와, 단치히 / 그단스크의 독일인 주민, 또 폴란드 영내에 살고 있던 독일인 과반수는 이미 전쟁 종결 이전에 큰 손실을 입으면서 오더강·나이세강 서쪽의 독일령으로 소개되거나 피난했다. 오더-나이세 지역에 남아 있던 독일인 주민 대부분은 1945~47년에 퇴거당하거나 연합국 간의 이전협정에 의거하여 강제 이주되었다. 그후 1956, 1957년에 다시 개별 이주나 가족 합류와 같은 틀에서 개인적인 출국이 행해졌다. 독일인 주민이 비워준 지역에는 그동안 살고 있던 폴란드인의 정착 이주가 계통적으로 이루어졌다.〕

거주지에서 무리하게 분리된 독일인 주민의 일부는 종전시에 독일 관리들에 의해 소개되었고, 일부는 전투가 시작되기 전에 피난했는데, 대개는 폴란드 관리에 의해 폭력적으로 국외추방되었다. 피난과 추방의 모든 국면에서 중대한 인적 손실이 있었다. 소개된 자도 피난민도 전투가 끝난 뒤에는 원래의 거주지로 돌아갈 작정이었지만, 피추방민과 마찬가지로 폴란드 관리에 의해 그것을 방해받았다.

1950~70년에 실시된 일련의 이주나, 특히 ─ 추방으로 인해 필연적으로 생긴 ─ 가족의 합류에서 46만 명의 동부 독일인이나 폴란드에 남았거나 유치되었던 독일인이 연방공화국에 찾아왔다.

독일인 주민이 추방된 지역에는 ─ 그 이전에는 규정이 없었던 소유권에 따라 ─ 일부는 폴란드 동부의, 또 대부분은 폴란드 중앙부 출신의 폴란드인이 폴란드 당국에 의해 계획적으로 옮겨와 살게 되었다.

독일의 4개 점령 지구에서는 〔난민이나 강제적으로 이주된 사람들이 단기간 내에 사회에 동화되었다.〕 장기간에 걸친 곤란한 상황 속에서 난민을 사회에 동화시키기 위해 노력해야 했다. 이 과정은 오늘날에도 **끊임없이 계속되고 있다.** 〔그들〕 **난민들은** 서독의 경제부흥에 큰 역할을 했다. 〔독일연방공화국에서 이런 집단은 모두 '고향에서 추방당한 자'라는 개념으로 포괄되었다.〕 그 대부분이 난민이 결속해서 만든 동향단체에 〔가입했다.〕 **조직되었음에도 불구하고 고향을 쫓겨난 자들의 헌장이 1950년에 보편적인 인권으로서의 고향에 대한 권리를 주장했을 때 보복이나 복수는 명확하게 포기되었다.** 난민의 일부가 진행시킨 자신들의 정당을 만듦으로써 독자적인 정치세력을 이루려 했던 시도는 **연방 레벨에서는** 일찍이 1957년에 좌절되었다. 이러한 집단이 이전의 연방정부의 지지를 받아 고향에 대한 권리를 공언하고 있는 이상 그들은 폴란드에서 국경수정주의의 수호자로 간주되었다.

〔그러나〕 연방정부와 주정부는 여러 가지 방법(**피추방민 및 부담 균등화법 등**)으로 이러한 집단을 물질적·사회적으로 이주처에 동화시키려고 노력했다. 그런 노력에 의해, 이 집단이 사회적 불만을 품은 분자가 〔되어〕 **되지 않고 외교적으로도 위험한 폭발이 발생한**〔다고 하는 사태는 피할 수 있었다.〕 **일은 없었다.**

그들은 〔꽤 전부터〕 그 사이에 정치적으로도 독일연방공화국의 대 정당이나 사회조직에 편입되어 있었다.

이 수정에서 보이는 주장에 역사학적으로 큰 잘못은 없지만, 오더-나이세 국경의 부당성과 추방 사실을 고발하는 자세가 매우 두드러지는 것은 분명하다. 그리고 여기서는 파트너인 폴란드의 역사 이해로부터 배우려는 자세가 느껴지지 않고 오히려 종래 서독 정부의 정책을 변호하는 것이 최대의 목표인 듯한 인상을 받지 않을 수 없다. 나중에 공동교과서위원회의 멤버도 비판을 가한 것처럼, 폴란드 역사가와의 대화를 거치지 않고 독일 역사가만으로 '독일-폴란드 권고'를 제멋대로 가공한 이 '대안 권고'는 애당초 공동교과서위원회의 권고와 비교할 만한 것이 되지 못했다.

그러나 공동교과서위원회를 폴란드와의 화해라는 정치적 목표 때문에 진실도 희생시키는 일종의 '교과서 외교'의 산물로 보는 사람들에게 그러한 것은 아무렇든 상관이 없었다. 그들은 코페르니쿠스를 독일인이라 정하고, 폴란드 분할의 원인은 폴란드 국가의 약체성에 있었다고 단언하는 '대안 권고'야말로 정치적 동기로 이루어진 '권고' 때문에 왜곡된 역사에 대해 그 진실을 밝히는 것이라고 선전했다. "진실을 가르치지 않고서는 진정한 평화교육은 있을 수 없다!"라는 슬로건과 함께.

이 '대안 권고'는 피추방민연맹에게 지지를 받았고, 기독교민주연합의 기관지뿐만 아니라 보수계인 『프랑크푸르터 알게마이네 자이퉁(Frankfurter Allgemeine Zeitung)』 같은 신문에서도 거론되었다. 그리고 이러한 서독 국내의 감정적인 반발은 다시 폴란드인의 눈에 독일 보수파 사이에는 보복주의적 경향이 잔존해 있다는 인상을 주게 되었다.

각 주의회의 논의

이처럼 큰 반발을 초래한 공동교과서위원회의 권고는 서독의 역사교육에 어떤 영향을 끼쳤을까?

제2장에서 밝힌 바와 같이, 전후 독일의 국제 교과서 대화 원칙은 활동 내용, 특히 교과서 권고에 담긴 내용의 설득력에 의해 실제 역사교육(예를 들어 역사교과서의 기술)에 영향을 끼친다는 것이었으며, '독일—폴란드 권고'는 아무런 법적 구속력도 가지고 있지 않았다. 확실히 1976년 6월에는 서독 연방정부와 폴란드 정부 간에 문화협정이 체결되었으며, 그 가운데는 다음과 같은 조문이 보인다.

> 제4조 청소년 교육에 대해 학교, 특히 학교 교과서가 지닌 중요성을 고려하여 조약 당사국은 상대국에 관한 보다 넓은 지식의 획득과 보다 나은 상호 이해를 촉구하기 위해 교과서에 상대국의 역사나 지리, 그리고 문화에 대해 기술하도록 계속 노력한다. 두 나라는 공동교과서위원회의 권고가 고려되도록 노력한다.

그러나 여기서 말하는 것은, 서독 측에 대해 말하면 연방정부가 노력할 목표일 뿐 연방정부가 폴란드 측 권고를 실현하기로, 즉 국내의 역사교과서를 권고에 의거하여 고쳐 쓰기로 약속한 것은 아니다. 원래 서독에서(그리고 통일 후에는 독일 전체에서) 학교 감독권은 헌법에 의해 각 주에 부여되어 있다. 애초부터 연방정부는 폴란드 정부에 대해 그런 약속을 할 권한을 가지고 있지 않았던 것이다. 따라서 '독일—폴란드 권고'에 대한 서독 국내의 행정 대응을 보기 위해서는 각 주의 사정에 주목해야 한다.

사실 공동교과서위원회의 활동이 보도되자, 많은 주의회들이 권고의 공표를 기다리지 않고 그것에 대한 대응을 둘러싸고 논의를 벌였다. 여기서는 한 예로 1976년 1월 29일 헤센주의회의 의사록에 주목해보자.

헤센주의 기독교민주연합은 이 주의 사회민주당·자유민주당 연립정부에 대해 공동교과서위원회의 권고를 주 내의 학교에 가지고 들어오지 않도록 요구하고 권고의 내용을 구체적으로 비판했다. 질의에 나선 기독교민주연합의 의원은 먼저 공동교과서위원회의 활동과 권고에 대한 그의 이해를 밝혔다.

> 우리는 (이와 같은 활동을) 환영하며, 그것이 역사의 진실을 희생시키지 않는 한 반대하지 않습니다. …… 그러나 프랑스인과 독일인이 교과서의 공통성에 대해 말하는 것과, 폴란드인과 독일인이 그렇게 하는 것은 다릅니다. 전자의 경우에는 자유로운 나라의 자유로운 시민이 회의를 열고 있습니다. 그것에 비해, 독일-폴란드 교과서 회의는 자유로운 시민과 공산주의 독재의 전체주의체제 대표자와의 회합입니다.

그 다음으로 권고의 개개 항목에 대한 비판이 이어졌다. 우선 그가 문제삼은 것은 제2차 세계대전 종결 당시 독일인 주민의 '폭력적인 대량 추방'에 관한 권고의 이해다.

> 이 추방이 국경선과 민족 경계선을 일치시킬 필요 때문에 행해졌다고 한다면 그것은 엄청난 모욕이 아닐 수 없습니다. 그러나 권고는 그렇게 말하고 있는 것입니다. 350만 명의 독일인이 추방되기 전에 오히려 민족 경계선과 국경선이 더 잘 일치하고 있었다는 데 대해 입을 다물고 있습니다.

코페르니쿠스에 대한 언급도 잊지 않았다.

> 권고는 폴란드 시민으로서 코페르니쿠스에 대해 언급하고 있습니다. 그것이 맞겠지요. 그러나 그가 독일말을 하는 독일인이었던 것도 분명합니다. 이것은 권고의 일면성을 나타내는 예로, 보완될 필요가 있습니다.

이와 같은 비판을 하나하나 전개한 뒤 끝으로 공동교과서위원회에 참가한 독일 측 역사가에 대해서도 언급했다.

> 독일 측 대표단 단장인 에케르트 교수와 메르티나이트 교수는 — 두 사람 모두 사회민주당원이지만 — 폴란드인 파트너와의 합의를 위해 역사학의 시점에서가 아니라 정치적인 시점에서 독일–폴란드 교과서회의를 했다는 것을 숨기려 하지 않았습니다.

끝으로 지적한 부분은 독소불가침조약 비밀의정서가 권고에서 언급되지 않았다는 비판에 대해 1974년 이래 독일 측 단장을 맡아온 플렌스부르크교육대학 교수 발터 메르티나이트(Walter Mertineit)가 "비밀의정서에 고집한다면 대화를 계속하는 것이 불가능했을 것이다"라고 말한 것을 받아서 한 발언이라고 추측된다. 이때 메르티나이트는 "권고에 쓰여 있는 것은 쌍방이 합의한 것뿐이며 권고에 쓰여 있지 않았다는 것이 그 내용을 교과서에 써서는 안 된다는 것을 의미하지는 않는다"라고 분명히 말했지만 이 부분은 의식적인지 무의식적인지 무시되었다.

이러한 비판의 논법이나 거론된 논점은 다른 주의 기독교민주연합 의원이 한 질문이나 대응과도 공통되며, 그로부터 피추방민연맹에서 보내온 매뉴얼이나 '대안 권고'의 영향을 추측할 수 있다. 다만 헤센에서는 여당인 사회민주당·자유민주당 앞에서 기독교민주연합이 공동교과서위원회의 권고에 대항하는 구체적인 조치를 취할 수 없었다.

반면에 기독교민주연합이 여당이었던 슐레스비히-홀슈타인이나 기독교
사회연합이 여당이었던 바이에른에서는 사정이 역전된다. 슐레스비히-홀
슈타인에서는 야당인 사회민주당이 '독일-폴란드 권고'를 그 주의 교과서
검정기준의 하나로 채용하도록 요구했다. 그 요구의 근거는 앞에서 본 1976
년의 문화협정이다. 그러나 기독교민주연합 교육장관의 회답은 다음과 같
았다.

> 슐레스비히-홀슈타인 주정부는 1976년 6월 11일의 문화협정에 관한 독일연방
> 공화국과 폴란드인민공화국의 조약 제4조에 찬성합니다. 따라서 주 정부는 교
> 과서의 내용에 관해 상호 검정하는 전문가의 토의를 지지합니다. …… 그러나
> 그것을 위한 양보할 수 없는 조건은 그 성과가 학문적이며, 우리 법률의 원칙과
> 일치하여 학교교육에 이용 가능해야 한다는 것입니다. …… 역사의 어느 시기
> 를 기술할 경우에 그 시대의 본질을 이야기하는 것을 그만두어서는 안 됩니다.
> 따라서 폴란드 국민을 덮쳤던 커다란 고통이나, 추방당한 수백만 독일인이 겪
> 은 고통이 언급되지 않으면 안 됩니다.

교과서 권고를 검정기준으로 삼기를 바란 사회민주당의 요구가 과연 타
당한지 어떤지는 제쳐놓고(권고에 대한 이러한 취급은 적어도 서독 측 참가자
대부분이 바라던 것은 아니었다), 이 회답은 논리적으로 성립되지 않는다. 첫
째로, 메르티나이트가 인정한 바와 같이 대화를 진행시켜 나갈 즈음에 서
독 역사가가 정치적인 문제를 배려했다 하더라도, 권고에 쓰여 있는 내용
이 학문적으로 잘못된 것은 아니다. 둘째로, 정치적인 배려의 결과 권고에
언급되지 않은 중요한 역사적 사실이 있더라도 권고가 그것을 교과서에 쓰
지 않도록 요구한 것도 아니다. 요컨대, 만일 권고를 긍정하더라도 교육장

관이 중시한 요건은 충분히 충족된 것이다.

그러나 슐레스비히-홀슈타인에서는 헤센과는 달리 의회에서 다수를 차지하는 기독교민주연합에 의해 사회민주당의 제안이 부결되었다. 또 바이에른에서는 애당초 주의회에서 논의도 되지 않았고, 대신에 교육부가 편집한 잡지에서 교육장관이 "이와 같은 공산주의적인 권고는 도저히 바이에른의 학교에 가지고 들어올 수 없다"라고 말했다.

각 주의 대응

공동교과서위원회의 권고를 받아들이는 각 주의 양상의 차이는, 기본적으로 그 주 정부가 사회민주당과 기독교 양 연맹의 어느 쪽에 의해 주도되는지에 달려 있었다. 연방 차원에서 사회민주당·자유민주당 연립정부의 동방 정책을 반대하는 기독교 양 연맹이 정부를 구성하고 있던 슐레스비히-홀슈타인·바이에른·바덴-뷔르템베르크와 같은 주는 당연히 이 권고에도 비판적인 자세를 취했다.

이에 비해 사회민주당이 주도하는 노르트라인-베스트팔렌·함부르크·브레멘·헤센·서베를린(당시)에서는 권고를 교과서 검정기준으로 채용하거나 실제 수업에 참조해야 할 자료로 인정했다. 그 중에서도 권고에 적극적이었던 곳은 브레멘·서베를린·함부르크와 같은 도시 주였다. 브레멘에서는 1978년 6월에 교육장관이 그룬트슐레(4년제 초등학교. 초등학교에는 역사라는 교과는 존재하지 않는다)를 제외한 모든 학교에 다음과 같은 회람 문서를 보냈다.

'독일연방공화국과 폴란드인민공화국의 역사와 지리교과서에 대한 권고'는 독일–폴란드 교과서위원회의 장기간에 걸친 정력적인 협의의 성과이다. 그것은 학문적 논의로 분명히 자리매김했으며, 지리·역사·공민/정치과의 교과서 집필자와 교사들에게 중요한 방향성을 제시했다.

또 독일–폴란드 교과서 권고는 동시에 두 나라의 관계 정상화를 향한 첫걸음이라 평가할 수도 있다.

더욱이 권고는 역사과, 지리과, 공민/정치과에서 연관되는 주제를 다룰 때 하나의 자료로 이용할 수도 있다.

나는 앞으로 위의 교과에 대해서는 독일–폴란드 문화협정의 정신에 합치하고 독일–폴란드 교과서 권고를 고려하는 교과서만 브레멘의 학교에서 사용하도록 인정할 작정이다.

동쪽 세계 속에 떠 있는 외로운 섬 베를린의 반응은 훨씬 빨랐다. 이미 살펴본 바와 같이, 베를린에서는 프로테스탄트교회에 의해 1960년대 말에 폴란드와의 대화가 진전되었으며, 1972년에 일부의 권고가 작성되자 곧바로 베를린의 각 학교에 기초 자료로 배포되었다. 당연히 1976년의 권고도 이듬해인 1977년에는 모든 학교에 교재로 배부되었다.

또 이 주에서는 시교육센터가 폴란드와의 대화에 실적이 있는 복음교회 아카데미와 제휴하여 공동교과서위원회의 폴란드인 역사가를 초빙하여 세미나를 개최하기도 했다. 이와 같은 일종의 교육연수는 중등학교 역사교사뿐 아니라 초등학교나 특수학교 교사에게도 제공되었다.

함부르크도 1972년 및 1974년의 공동교과서위원회 권고가 공표된 시점에 그것을 교육부 기관지에 게재했다. 또 1976년의 권고는 교과서 검정을 하는 교과서위원회에 권고를 고려하도록 촉구하는 지시와 함께 건네졌다. 이 주에서도 교과서 권고는 교원양성 단계 및 교사의 현직교육에서 활용되고 있다.

기독교민주연합은 앞에서 기술한 바와 같이 공동교과서위원회의 활동에 대해 비판적이었지만, 그 중에는 소극적이나마 그것에 이해를 보이는 사람들도 있었다. 게오르크 에케르트 국제교과서연구소의 소재지인 니더작센주에서는 당시 기독교민주연합이 여당이었지만 알브레히트(Albrecht) 총리와 레머스(Werner Remmers) 교육장관은 기본적으로 권고를 부정하지 않았고, 1978년 4월에는 거기에 나타난 역사 이해에 이론의 여지도 있다는 주의사항과 함께 '독일-폴란드 권고'를 주 내에 있는 모든 학교에 배포했다. 또 라인란트-팔츠주의 기독교민주연합 정부도 '독일-폴란드 권고'에 결국 소극적인 자세를 취했으나, 그 활동 전반에 대해서는 계속 원칙적인 이해를 보였다. 1978년 5월에는 라인란트-팔츠주의 다이데스하인에서 열린 공동교과서위원회의 회의 무렵에는 포겔(Bernhard Vogel) 총리와 라우린(Hanna-Renate Laulien) 교육장관이 두 나라 위원을 앞에 두고 그 활동의 의의를 높이 평가하는 환영인사를 했다.

새로운 상황

1972년 회의가 개시된 이래 공동교과서위원회의 활동에 대해서 서독 국내의 보수·우익세력은 격렬한 비판을 전개했다. 그러나 시간이 지나감에 따라 보수파 사이에도 그 활동의 의의를 인정하는 분위기가 확산되었다. 특히 1970년대 말부터 1980년대 초에 걸쳐서 논쟁은 급속하게 가라앉았다. 그리고 라인란트-팔츠에서도 '대안 권고'와 함께이긴 하지만 '독일-폴란드 권고'가 주 내의 모든 학교에 배포되었고, 기독교민주연합의 또 하나의 주인 자를란트에서도 공동교과서위원회의 권고가 지닌 정신이 주 내의 역사교육에서 실현되어야 한다는 자세가 분명해졌다.

이처럼 권고에 대한 사회 전반의 대응이 변화하면서, 이전에는 가장 엄격한 태도를 보였던 바이에른에서도 1981년에 이 주의 여당인 기독교사회연합이 '독일-폴란드 권고'를 교재 중 하나로 학교에 도입하는 것을 허용하게 되었다. 물론 거기에 나타난 역사 이해의 태도가 바뀐 것은 아니다. 주 정부의 의도는 오히려 공동교과서위원회의 활동 자체를 비판적으로 가르치는 데에 있었다. 실제로 1983년에 바이에른의 학교용으로 출판된 역사교과서의 칼럼에는 다음과 같은 기술이 보인다.

교과서 ─ 폭발하는 주제

4년에 걸쳐 독일과 폴란드의 전문가는 교과서의 독일-폴란드 관계사 기술에 대해 공동 권고를 작성하는 일을 계속해왔다. 그러나 '폴란드와 독일 기사단'에 대한 1977년의 최종보고[49]는 완전한 실패로 끝났다.

최종보고에 따르면, 폴란드 교과서에는 지배자로서의 독일 기사단의 역할과 전쟁이나 그 밖의 군사력에 의한 기사단과 국가팽창의 역사가 특히 강조되어 있다고 한다. 그에 비해 연방공화국의 교과서에서는 기사단에 의한 포교활동과 생활환경의 개선에 끼친 공헌이 강조되었다. "이러한 문제에 대해서는 1974년 9월의 토룬 회의에서 서로 이야기되어 논의가 진전되었지만 한층 더 근본적인 대응이 필요하다"라고 생각되었다.

설문1 상호 이해를 위해 어떤 이해利害가 장애가 되는가?
설문2 여러 교과서를 비교하여 그 주장이 옳은지 어떤지를 자신이 판단하시오.

49__ 권고를 최종적으로 매듭지은 것은 1976년이고, 간행은 1977년에 이루어졌다. (원주)

'완전한 실패로 끝났다'라는 평가에서는 주 정부의 의도를 적극적으로 따르려는 자세가 뚜렷하게 인식된다. 그러나 두 나라의 역사 이해 사이에 큰 차이가 있다는 것을 구체적인 예를 통해 학생들에게 생각하도록 하는 것은, 공동교과서위원회의 활동 목표 범주에 충분히 포함되어 있는 교육 의도이다. 전에 가장 격렬한 비판을 전개했던 기독교사회연합의 바이에른에서조차도 권고가 이렇게 취급되게 된 데서, 권고를 받아들이는 사회 전반의 양상의 변화 ─ 그것을 무시할 수 없게 된 것, 다른 한편에서 비교적 냉정하게 권고를 받아들이게 된 것 ─ 를 볼 수 있다.

이 점에 관해서 공동교과서위원회의 멤버인 자르브뤼켄대학 교수 외르크 흰쉬(Jörg Hoensch)가 두 나라 사이의 대화가 정해진 1970~1987년까지 서독 신문(전국지)이나 잡지에 독일─폴란드 교과서 대화에 관한 기사·투고가 어느 정도 게재되었는지를 연도별로 조사했더니, 가장 많았던 것이 1977년이며(합계 132건), 이 해를 전후하여 1975년부터 1979년 사이에 집중되어 있음이 밝혀졌다. 반대로 1982년 이후 그 수는 한 자릿수가 되었다.

특히 1982년 이후 권고에 관한 기사가 감소한 데에는 연방 차원의 정권 교체도 영향을 주었다. 1969년 이래의 브란트, 슈미트로 이어진 사회민주당·자유민주당 연립정부는 1982년에 기독교 양 연맹과 자유민주당의 헬무트 콜이 총리로 선출됨으로써 끝이 났다. 이로써 사회민주당의 동유럽 외교를 야당 입장에서 비판해왔던 기독교 양 연맹은 이제 스스로 외교에 책임을 지지 않으면 안 되었다. 종래와 같은 폴란드 비판 일변도의 자세가 외교적으로 허용되지 않는다는 것은 분명했다. 이렇게 해서 1983년의 소신 표명 연설에서 콜 총리는 바르샤바 조약의 준수를 약속하게 되었다.

"나중에 태어난 자의 은혜"라는 발언 등으로 과거에 대한 인식이 적지 않게 문제시되었던 콜 총리였지만, 비트부르크 문제(레이건 전 미국대통령이 독일을 방문했을 때 콜 총리가 나치스 무장 친위대원이 매장되어 있음을 알면서도 비트부르크 묘지의 식전에 예정대로 참가함으로써 그의 역사인식이 문제가 되었던 사건)가 확대되던 1985년 4월 26일에도 폴란드와의 관계에 대해서는 공동교과서위원회가 양 국민의 화해에 큰 공헌을 했음을 인정하고 그 활동을 지지하는 발언을 했다. 이로써 공동교과서위원회에 대한 서독 내에서의 수용방식이 확정되었다고 해도 좋을 것이다. 서로 격심하게 싸웠던 민족관계 속에서 이만큼 계속적이며 또한 자유롭게 근본적인 논의를 한 예는 없었다 하여, 이후 폰 바이체커 전 대통령과 쉬쓰무트(Rita Süssmuth) 연방의회 의장(두 사람 모두 기독교민주연합)도 공동교과서위원회에 찬사를 보냈다.

이처럼, 오늘날 정치 차원에서 두 나라의 역사교과서 대화에 대한 비판적인 소리는 일부의 우익·극우세력을 제외하고는 원칙적으로 존재하지 않는다. 역사교과서 대화에 대한 평가를 뒤흔들기는 어렵다고 말할 수 있다.

또 오늘의 시점에서 뒤돌아보면, 공동교과서위원회 설립 때나 권고 공표 당시에 보수파가 보였던 반발에는 국민의 소박한 보수적 심정에 호소하려는 경향이 드러나지만, 그러한 감정적인 반응에도 나름의 의의가 있었다. 우선 찬반양론의 격렬한 논의가 있었기 때문에 서독 대중매체가 그 문제를 크게 다룸으로써 많은 국민들이 문제의 중요성을 의식하게 된 것은 부정할 수가 없다. 서독 국민들의 폴란드사 이해에서 최대 문제 중 하나가 폴란드 측의 역사 이해에 대한 무시·무관심이었던 이상, 이 논쟁에서 반대편 입장이라 해도 적어도 그것을 인식하지 않을 수 없는 상황에 처했다는 것의 의미는 크다. 또 권고 공표 당시 연방회의에서 야당이었던 기독교민주연합은 당초의 격렬한 반대에서부터 점차 용인하는 쪽으로 자세를 변화시켰고, 특히 정권에 복귀한 이후에는 그것을 칭찬하기에 이르렀다. 국내의 보수적인 그룹까지 적어도 자기 역사를 상대화하는 시점을 가지게 된 것이다. 물론 '독일-폴란드 권고'에 쓰인 역사상歷史像이 그들 사이에서 일반적인 것이 되었다고까지 말할 수는 없다. 그러나 권고는 거기에서 지적된 종래 역사 이해의 문제점이 널리 인식되고 또 새롭게 보인 역사상에 일정한 타당성이 있다는 인식이 확대된 데서 일단 자기 역할을 해낸 것이다.

'독일-폴란드 권고'가 독일 역사교과서에 끼친 영향

그렇다면 실제로 공동교과서위원회가 제기한 문제는 서독 사회에 어느 정도가 이해된 것일까? 교과서 권고의 현실적인 의미에 대해서는 1982년 (이 해는 일본의 교과서 검정을 계기로 태평양전쟁 전의 군사행위가 대륙으로의 '진출'인가 '침략'인가를 둘러싸고 국제적인 논의가 발생하여 독일-폴란드 대화에도 시선이 집중되었다)에 일본의 일부 대중 잡지에서 회의적인 전망이 표명된 적이 있다. 그러나 그 잡지에서 내린 판단은 이미 기술한 바와 같은 정치적인 논쟁이 발생했다는 사실을 유일한 추측 근거로 삼은 것이었으므로, 그 의문에 답하기 위해서는 역시 역사교과서의 기술에 주목할 필요가 있을 것이다.

이 점에 대해서는 상설 교육장관회의(독일 각 주의 교육장관이 의견 교환 및 교육정책이나 제도 조정을 위해 정기적으로 가진 회합. 사무국은 상설)의 기탁으로 게오르크 에케르트 국제교과서연구소가 행한 조사결과가 참고가 된다. 1982년에 실시한 이 조사는 당시 서독의 대표적인 역사교과서에 나타난 폴란드사의 기술 경향을 밝히는 것을 목표로 했으며, 직접적으로 '독일-폴란드 권고'의 영향을 측정한 것이 아니다. 그러나 이러한 조사는 처음 있는 일이었고, 주목할 만한 내용을 가지고 있었다.

이 조사는 우선 분석대상으로 할 역사교과서의 선택에서부터 시작되었다. 독일에서는 각 주마다 교육과정기준이 미묘하게 다르며, 또 그것에 근거하여 주마다 교과서 검정이 행해지므로 매우 많은 종류의 역사교과서가 존재한다. 그래서 우선 바이에른을 제외한 모든 주에서 사용이 허가된 교과서(혹은 그것에 가까운 교과서) 13종을 선택했다. 바이에른에서는 다른 주와는 확연하게 다른 역사교육이 이루어지고 있었기 때문에 그 교과서는 분석대상에서 제외되었다.

선택된 13종의 교과서는 각각 3권 내지 4권으로 된 시리즈 교과서였다. 이 3 내지 4라는 숫자는 독일의 학교체계 중에서 역사교육이 가장 집중적으로 이루어지는 중등교육단계 I (거의 일본의 중학교 1학년부터 중학교 3학년 혹은 고등학교 1학년에 해당하는 단계)에 취학 연한이 다른 3종류의 학교 유형(기간학교의 경우 실과학교나 김나지움보다 1년 짧다)이 존재하는 것에 대응한다. 또한 학교 종류가 많은 것도 교과서의 종류를 늘리는 한 요인이 되었다.

조사된 교과서 가운데서 전체 기술량의 약 2%가 폴란드 관계 기술에 할당되었음이 밝혀졌다. 이 비율은 프랑스와 같은 다른 여러 나라들에 비해 특별히 적지는 않다. 그러나 교과서에 따라 1, 2%에서부터 최고 3.1%까지 차이가 난다는 것도 밝혀졌다. 기술된 양이 많은 것은 김나지움용의 교과서이며, 반대로 기간학교용 교과서에는 일반적으로 기술이 적었다.

이와 같은 결과는 폴란드사에 대한 서독 사회의 일반적인 인식을 반영한다. 학력이 높은 학생이 많이 다니는 학교에서는 당연히 가르쳐야 하지만,

그 이외의 학생은 굳이 배울 필요가 없다고 이해된 것이다. 즉 그것은 국민에게 불가결한 역사적 지식이 아니라 학문적으로 흥미 깊은 소재에 지나지 않는다는 인식이었다.

그러나 게오르크 에케르트 연구소의 조사는 또 하나의 경향을 밝혀냈다. 그것은 모든 종류의 학교에서 새로운 교과서일수록 폴란드사를 크게 다루고 있다는 점이다. 이 연구소는 그것이 공동교과서위원회의 활동이 끼친 영향이라 추측하는데, 여기서는 폴란드사의 위치가 변화하는 상황을 볼 수 있다. 그것은 폴란드에 관련된 지식 중에 점점 더 많은 부분이 모든 국민이 획득해야 할 최저한의 역사적 지식의 범주에 들어가고 있음을 보여주는 것이다.

게오르크 에케르트 연구소가 행한 이 조사는 개개의 역사교과서 기술에 대한 교과서 권고의 영향을 조사한 것은 아니다. 그 점에 대해서는 이전에 이 연구소에 근무했던 볼프강 야콥마이어(Wolfgang Jacobmeyer)가 조사했다. 그는 서독을 대표하는 교과서 『역사상의 세계(Geschichtliche Weltkunde)』, 『시대와 인간(Zeiten und Menschen)』, 『역사에의 물음(Fragen an die Geschichte)』 3종을 가지고 권고가 최종적으로 공표된 1975년 전후에 나타난 기술의 변화를 분석했다. 본인은 이 세 교과서를 선택한 이유를 따로 밝히지 않았지만, 아마도 『역사상의 세계』가 가장 대표적인 교과서로서, 『시대와 인간』은 대표적이긴 하지만 약간 보수적인 교과서의 예로서, 그리고 『역사에의 물음』은 가장 새로운 경향을 보이는 교과서의 예로서 선택되었다고 보아도 좋을 것이다.

그의 분석에 따르면, '독일-폴란드 권고'는 어느 교과서에나 적지 않은 영향을 끼쳤다. 특히 폴란드사 관계의 기술 변화는 9할 이상이 권고에 따른 변화이며, 그것에 역행하는 변화는 1할에도 못 미쳤다. 더욱이 권고에 역행하는 변화는 『시대와 인간』에서만 나타났다. 야콥마이어는 이것이 교과서 집필자와 출판사가 새로운 교과서를 편집할 때 권고를 고려했기 때문이라는 것을 부정할 수 없다고 말했다.

『역사에의 물음』은 대화가 진행되고 있던 1970년대 전반의 개정판에서 이미 다른 교과서에서는 찾아볼 수 없는 밀도로 독일–폴란드 관계사를 묘사했다. 그리고 1981년판은 더욱 내용을 확충했다. 제3판에는 19세기 이후의 폴란드에 대해 다음과 같은 개관이 들어갔다.

자유를 향한 만족할 줄 모르는 폴란드인의 싸움

1830년에 폴란드의 젊은 장교와 지식인들은 파리와 브뤼셀에서 봉기가 일어났다는 통지를 받고 폴란드 해방을 위해 무기를 들었다. …… 그러나 러시아군이 반격을 개시하여 각지에서 폴란드군을 격파했다. 많은 폴란드인들이 서유럽, 특히 파리와 영국으로 달아났고 그들은 그곳에서 자유주의자들로부터 열렬한 환영을 받았다. 이 폴란드인 대부분은 이후 몇 년 동안에 걸쳐 유럽에서 일어난 여러 혁명의 선두에 서게 되었다. …… 프로이센 지배하의 폴란드에서도 독일제국의 창설과 더불어 긴장감이 고조되었다. '문화혁명'의 과정에서 비스마르크는 폴란드에서도 가톨릭교회와 싸웠다. 교수 용어로서의 폴란드어 — 종교교육에서도 — 는 제한되거나 금지되었다. 그리고 1876년 이후에는 독일어만이 공용어로 정해졌다. 1885년에는 2만 6,000명의 유태인과 폴란드인이 '치안을 어지럽힌 자'로서 추방되고, 다른 한편에서 서프로이센과 포젠/포즈나인에 독일인이 계획적으로 옮겨와 살게 되었다. 1907년의 토지수용법이 이러한 독일인의 이주 정책을 후원했다. 그것에 대해 폴란드 여러 지역에서는 민족주의적이며 또한 민주주의적인 자각을 가진 어떤 부류의 폴란드 시민성市民性이 성장했다. 폴란드에서도 특히 바르샤바와 우치 일대에서 공업화가 진전했다. 1880년대에는 공업도시에서 여러 사회주의 정당이 출현했다. 또 독일에서 공업화가 진전됨에 따라 30만 명 이상의 폴란드인이 노동자로서 루어 지방에 옮겨와 살았다. …… 독립적인 폴란드 국가가 성립된 것은 제1차 세계대전이 종결된 후의 일이었다. 폴란드는 포젠 / 포즈나인과 오버슐레지엔의 일부도 병합했다. 그 결과 동프로이센이 독일 본토로부터 분리되었기 때문에 바이마르시대에도 폴란드와 독일의 관계는 긴장된 채였다.

우치의 공업화나 루어 지방으로의 폴란드 노동자의 유입에 대한 기술은 제2장에서 본 공동교과서위원회의 권고12 '공업화'를 수용한 것이 분명하다. 또 비스마르크에 의한 폴란드 정책으로서의 문화투쟁도 권고13 '폴란드 정책'에 따른 것이다. 원래 이 절의 명칭 '자유를 향한 만족할 줄 모르는 폴란드인의 싸움'도 권고10 '폴란드 국민의 자유와 독립을 위한 투쟁'의 영향을 받았다고 추측해도 틀림없을 것이다.

권고10~13은 종래 서독 각 주의 교육과정에서 무시되어왔던 주제이며, 또 야콥마이어에 따르면, 그렇기 때문에 서독 역사교과서에 가장 영향력을 행사하기 어려운 권고였다고 한다. 요컨대 제1·2차 세계대전 이후의 현대사는 종래 큰 관심거리였고 그 때문에 일부에서 반발을 초래하긴 했지만 결과적으로 권고가 교과서 기술에 영향을 끼치기 쉬웠다. 그것에 비해 여기서 묘사하는 주제에는 원래부터 관심이 그다지 없었기 때문에 종래 교과서에도 기술되지 않았고, 그런 점에서 기술의 '수정'을 요구하기는 상대적으로 더 어려웠다. 그러나 이 『역사에의 물음』의 예는 그와 같은 곤란함이 있어도 권고가 현실을 바꿀 수 있다는 가능성을 보여주는 것으로서 중요한 의미를 가진다.

『역사에의 물음』은 비교적 새로운 교과서이며, 1970년대의 초판부터 폴란드 관계 기술이 많았다. 이에 비해 오래 전부터 있던 교과서의 예로 『과거로의 여행(*Die Reise in die Vergangenheit*)』을 보기로 하자. 이 교과서는 제1장에서 독일-프랑스 대화를 볼 때 언급했던 『독일사』가 1961년에 명칭을 변경한 것으로, 실질적으로 1950년 이래의 역사를 가지고 있다.

공동교과서위원회와의 관계에서 흥미로운 것은 1973년의 개정이다. 이 때 현대사를 다룬 제4권의 마지막에 '이해와 화해를 위해서'라는 한 장이 새로 마련되었다. 이 장은 세 절로 구성되어 있는데, 거기서 '독일인과 프랑스인', '독일인과 유대인'과 나란히 '독일인과 폴란드인'이 취급되었다. 거기에는 우선 폴란드 분할 이전의 폴란드 지도, 제3차 분할 이후의 폴란드(소멸된) 지도, 1919년에 재건된 폴란드 지도, 1940년에 나치스가 침공한 후의 폴란드 지도, 그리고 1970년의 바르샤바 조약으로 서부국경이 확인된 폴란드 지도를 세로 일렬로 늘어놓아 폴란드가 역사적으로 끊임없이 강대국에 의한 국가상실을 경험하면서도 늘 다시 딛고 일어났으며, 그 과정에서 서쪽으로 이동해간 모습을 한 눈에 알 수 있게 되었다.

그리고 이 지도 옆에는 다음과 같은 설명이 보인다.

다시 한 번 역사를 크게 뒤돌아보자.

1772년, 1793년, 1795년의 폴란드 분할을 알고 있는가? 폴란드 분할에 대해서는 이 교과서 제2권의 마지막에 써 있을 것이다. 이 분할에 의해 폴란드는 국가로서 존속할 수 없게 되었다.

폴란드 민족은 러시아, 오스트리아, 그리고 프로이센의 세 나라에 분할되었다. 그러나 세 분할 지역 어디에서도 이 사실에 만족하지 않았다. '폴란드는 아직 망하지 않았다'는 것이다. 이것은 폴란드 국가國歌가 되었다.

19세기의 프로이센 국가는 '전 (폴란드) 민족을 조금씩, 또 몰래, 그러나 그만큼 확실하게 가능한 한 게르만화하는' 정책을 추구했다. 1825년 무렵의 어느 문서에는 그렇게 기록되어 있다. 이 '폴란드 정책'은 특히 1871년 독일제국에 의한 국가 통일 달성 후인 비스마르크시대에 명백해졌다. 1886년의 법률은 국가가 폴란드인 대토지 소유자로부터 토지를 사들여 독일인 이주자에게 분배하는 것을 가능하게 했다. 한편 당시 수십만 명의 폴란드인이 루어 지방으로 옮겨와 살았다. 그들은 성장하고 있던 중공업 노동자의 상당부분을 차지했다. 다른 한편 당시의 프로이센령 폴란드에서는 폴란드인 주민과 독일인 주민의 대립이 한층 고조되었다. …… 점점 많은 폴란드인이 자유와 독립을 위해 열광적으로 노력했다. …… 1939년 9월 히틀러의 침공으로 인해 폴란드 민족에게는 지독한 고뇌의 길이 시작되었다. 폴란드인은 가장 오랫동안 독일의 지배를 참아내지 않으면 안 되었을 뿐 아니라, 특히 나치스의 '생존권 확보정책'에 희생당했다. 폴란드는 독일의 식민지가 된 것이었다. 그런 까닭에 폴란드인은 '인종 구별'을 당하여 '혈통상 가치 있는 자와 무가치한 자'로 나뉘어졌다. 요컨대 한편은 '독일화 가능'이라 판단되었고, 다른 한편은 '가장 낮은 가치'로 분류되어 장래 노예노동력이 되기로 예정되었다. 1939년에 폴란드 국가영역 내에 살고 있던 3,600만 명 중에 거의 600만 명이 목숨을 잃었다. 6명에 1명꼴이었다. 이 가운데에는 약 300만 명에 달하는 거의 모든 폴란드계 유대인이 포함되었다.

　이와 같은 탄압에 대해 폴란드의 저항운동이 전개되었다. 대규모 봉기가 1943년과 1944년에 바르샤바에서 발생했다. 이것은 독일군에 의해 잔학하게 진압되고 바르샤바는 완전하게 파괴되었다.

　여기에서도 19세기 독일제국의 폴란드 정책과 이에 대한 폴란드인의 자유와 독립을 지향하는 운동이 언급되었으며, 또 제2차 세계대전을 기술할 때는 단지 인종 정책으로 대표되는 나치스의 가혹한 통치를 논의하는 것만이 아니라 폴란드인에 의한 저항운동도 언급하는 등 권고 20의 영향을 엿볼 수 있다.

　실은 이 『과거로의 여행』이 공동교과서위원회의 권고를 고려한 것임은 교과서 기술을 볼 것까지도 없이 명백하다. 위에서 보았던 1973년 개정판은 이듬해 중쇄를 할 때 속표지 부분에 다음과 같은 구절을 써넣었다.

이 책의 독일–폴란드 관계에 대한 기술은 독일연방공화국과 폴란드인민공화국의 유네스코 국내위원회가 브라운슈바이크와 바르샤바에서 열었던 교과서회의의 권고를 따르고 있다.

이러한 기술은 단지 이 교과서가 권고를 고려하고 있음을 보여줄 뿐만 아니라, 교과서 출판사들이 이렇게 명기함으로써 교과서 판매를 촉진시킬 수 있다고 생각했음을 증명한다.

요컨대 이 교과서가 출판되었을 당시 반대파는 대중매체 등을 통해 다양한 비판을 전개했지만, 동시에 공동교과서위원회의 활동 역시 교육현장에서 상당한 평가를 얻었다고 추측된다. 앞에서 보여준 게오르크 에케르트연구소의 조사 결과와 야콥마이어의 분석결과를 같이 생각해보면, 1976년의 권고를 비롯한 공동교과서위원회의 활동은 실제로 서독 역사교과서에 적지 않은 영향을 주었다고 결론 내릴 수 있다. 권고는 반대의견을 상기시키기도 했지만, 그럼에도 불구하고 어쩌면 오히려 그 때문에 큰 영향력을 가지게 되었다.

1976년 이후의 전개 ─ 교사용 팸플릿의 작성

이처럼 '독일–폴란드 권고'는 실제로 일정한 성과를 거두는 데 성공했는데, 이로써 공동교과서위원회의 일이 완료된 것은 아니었다.

공동교과서위원회는 1976년에 교과서 권고를 정리한 뒤에도 거의 매년 한 번씩 독일과 폴란드의 각 도시를 교대로 방문하는 형태로 회의를 열며 오늘에 이르고 있다. 1977년부터 1986년까지는 2장의 권고20에서 예고되었던 '제2차 세계대전 중에 독일과 폴란드에서 일어난 저항운동'과 같이, 특정 시대 혹은 주제에 대해 1976년까지 충분히 논의하지 못했던 점을 다시 검토하는 작업이 계속되었다. 또 1987년과 1988년에는 각각 '1972~87년의 독일-폴란드 역사교과서위원회의 학술적 성과', '1972~87년의 독일-폴란드 역사교과서위원회의 교육적 성과'라는 제목으로 두 나라의 역사 연구 및 학교 안팎의 교육에 끼친 영향을 재검토했다.

그리고 1989년 6월에 열린 제22회 회의에서 공동교과서위원회는 새로운 과제에 매달리기 시작했다. 그것은 두 나라의 역사교사용 독일-폴란드 관계사 핸드북 시리즈(교과서를 목표로 하는 것이 아닌 점에 주의. 교과서는 독일 각 주의 교육과정기준에 대응해야 하며, 오히려 교육과정기준에 명확하게 써 있지 않은 주제에 대해서 이러한 핸드북이 필요하다고 여겨진다)의 작성이다. 실제 수업장면을 염두에 두고 수업지침을 보여주는 데에 필요한 역사자료를 제시함으로써 두 나라의 관계사를 가르치는 교사를 지원하려는 것이다.

핸드북을 작성하기 위해서, 이 회의에서는 우선 두 나라의 관계사를 이해하는 데 필수불가결한, 이른바 '역사의 접속점(Knotenpunkte der deutsch-polnischen Beziehungsgeschichte)'이라는 것이 20개 정도가 선택되었다. 즉, 두 나라의 역사가 만나는 특정의 역사적 사건이나 주제이다. 각 '접속점'마다 원칙적으로 독일인과 폴란드인 역사가를 한 명씩 할당하고, 두 사람의 공동 작업으로 한 권의 핸드북을 작성하기로 했다.

이것이 무척 곤란한 작업일 것이라는 점은 애초부터 예상되었다. 수업을 염두에 둔 교사용 핸드북이라는 점에서, 단지 역사학적인 공통 이해에 도달하기만 하면 되는 것이 아니라 취급하는 하나하나의 내용에 대해서 두 나라의 역사교육에서 차지하는 교육상의 가치를 고려해야 했다. 그리고 실제로 수업을 할 때 필요한 역사자료를 적절하게 선택하는 것도 요구되었다. 게다가 텍스트와 자료를 두 나라의 언어로 번역하는(본래 폴란드어로 쓴 역사자료를 독일어로, 독일어 자료를 폴란드어로 번역할 뿐만 아니라 예를 들어 종래 독일어나 폴란드어로 번역되지 않았던 라틴어 자료를 번역하는) 작업이 얼마나 어려운 것인지는 말할 필요도 없다.

이 계획을 실현하기 위해서 우선 1991년에 '프랑크푸르트 국민회의 폴란드 논쟁(1848)'을 다룬 모델 핸드북이 간행되었다. 이것은 예외적으로 우선 폴란드인 역사가 두 사람의 손으로 원고가 작성되고, 그런 다음 바르샤바 대학 교수 마리아 바브리코바(Maria Wawrykowa)에게 수정을 의뢰하는 형태로 정리되었다. 50쪽 정도 되는 핸드북은 4부로 구성되어 있는데, 제1부에서 '폴란드 논쟁'의 내용과 역사적 배경의 분석, 제2부에서는 학습 목표, 즉 학생이 습득하기를 기대하는 지식을 밝혔다. 이어서 제3부에서는 국민회의 속기록과 그 밖의 것에서 12편의 자료를 수록하고, 제4부는 지금 이상으로 학습과 교재연구를 심화시키기 위한 참고문헌 목록을 열거했다.

이 모델 핸드북은 독일 안팎의 많은 역사가나 교사들로부터 주목을 받아 1995년에는 제2쇄가 나왔다. 또 이와 때를 같이 하여 1989년의 계획을 더욱 확대하기로 결정했다. 애당초 예정되어 있던 핸드북 시리즈 외에 두 나라 사이의 역사학적 문제 전체를 조감하고 교육상의 주의점을 정리한 것 한 권과, 두 나라의 관계사에 대한 용어집 한 권을 작성하기로 결정하고 준비 작업을 시작했다.

그리고 근래에 겨우 본래의 시리즈〔시리즈 전체에는 '독일인과 폴란드인 ─ 이웃 간의 역사(역사교원을 위한 핸드북)'라는 제목이 붙었다〕 중에서도 완성본이 나오기 시작했다. 1994년에는 두 나라의 역사가가 최초로 공동편집한 핸드북으로 게오르크 에케르트 국제교과서연구소의 전 소장인 야이스만(Karl-Ernst Jeismann)과 포젠/포즈나인대학 교수 레흐 토셰챠코프스키(Lech Trzeciakowski)가 쓴 『19세기 유럽 국제정치 속에서의 폴란드』가 완성되었고, 1996년에는 공동교과서위원회 독일 측 대표인 클라우스 체르낙(Klaus Zernack) 교수와 토룬대학 교수인 마리아 보구츠카(Maria Bogucka)가 함께 쓴 『프로이센에 있어서 독일 기사단의 세속화에 대하여』도 시리즈 제3권으로서 간행되었다.

동유럽 혁명 이후의 새로운 국면

이 교사용 핸드북에 매달리기 시작한 1989년은 이른바 동유럽 혁명이 본격화한 해이기도 하다. 동유럽 혁명의 결과, 베를린 장벽이 사라진 데 따른 동서독의 통일, 그리고 폴란드를 포함하는 동유럽 국가들의 정치적 자유화라는, 두 나라의 관계에서 전혀 새로운 국면이 생겼다. 현재 진행 중인 핸드북은 당연히 이렇게 해서 출현한 새로운 국제관계를 반영할 것이다. 그렇지만 정치체제의 변화는 공동교과서위원회 활동의 전제 그 자체를 바꿔버렸다.

거기서 생긴 첫째 문제는 1989년 이전의 국제환경하에서 행해진 종래 활동 ─ 구체적으로는 1976년의 권고 ─ 의 개정이다. 제2장에서 기술한 바와 같이, 그 권고에는 당시 폴란드 측의 정치적 조건 때문에 이야기되지 않은 중요한 역사적 사실이 있다. 가장 대표적인 예로는 1939년의 독소불가침조약과 특히 그 비밀의정서가 있으며, 더욱이 카친 숲의 학살이라는 문제도 있다. 당시 서독의 역사가, 또 폴란드의 역사가조차 독일의 폴란드 침공 이전에 나치스 독일과 소련의 두 나라가 발트 3국과 폴란드 동부를 소련에게, 폴란드 서부를 독일에게 병합하기로 합의한 사실을 분명히 알았으며, 또 이렇게 해서 포로가 된 다수의 폴란드 장교가 카친 숲과 그 밖의 장소에서 소련군에 의해 살해되었다는 것도 확실하게 알고 있었다. 이것은 폴란드 국내에서는 공공연한 비밀이었으며, 오히려 반소감정을 나타내는 말이었다.

그러나 1970년대에는 폴란드 역사가가 그것을 말하는 것은 허용되지 않았고, 서독의 역사가도 그 입장을 이해하지 않을 수 없었다. 카친 숲에 대해 자유롭게 이야기하게 된 것은 고르바쵸프의 글라스노스트(Glasnost, 정보공개 정책)가 본격화한 이후의 일이다. 그런데 이 글라스노스트와 이어지는 동유럽 혁명에 의해 상황은 완전히 달라졌다.

적어도 독일 측에서 이것은 그다지 중요한 의미를 갖지 않았다. 권고가 교과서에 이런 사실을 기술해서는 안 된다고 말하는 것은 아니며, 실제로 아마도 모든 독일의 역사교과서는 그 점에 대해 기술하고 있었던 것이다. 또 소련의 책임이 밝혀졌다고 해서 전쟁에 대한 독일인의 책임이 경감되는 것도 아니었다.

이에 비해 이 문제는 폴란드에게는 매우 중요한 의미를 갖는다. 그때까지 언급조차 허용되지 않았던 진실을 비로소 자유롭게 이야기할 수 있게 된 것이다. 1983년까지 공동교과서위원회 폴란드 측 대표를 맡았던 바르샤바대학 교수 부아디수아프 마르키에비치(Władysław Markiewicz)는 이미

1990년 8월에 다음과 같이 말했다.

> (독일 통일과) 폴란드의 정치체제 변혁이 위원회 활동에 새로운 환경이나 전제
> 를 형성했음은 분명하다. 세계에서도 예가 없는 오늘날까지의 성과를 썩히지
> 않기를 바란다면 새롭게 현대에 적합한 권고를 작성하고, 그것을 실제교육에
> 반영시키기 위해 노력해야 한다고 생각한다.

실제로 새로운 권고가 정리되었는지 아닌지는 확실하지 않다. 지금이라면 1976년과 달리 어떠한 권고를 발표하더라도 두 나라에서 그렇게 큰 반발은 생기지 않을 것이다. 그러나 반발 가능성을 소멸시키게 된 근래의 환경 변화는 또 새로운 문제의식을 공동교과서위원회에 제공하기도 했다.

그것은 양국 관계라는 전망으로부터의 이륙이다. 1976년까지의 회의는 물론 그 이후의 회의나 앞에서 기술한 교사용 팸플릿 작성에서도, 두 나라 사이의 대화에는 사실상 독일과 폴란드라는 두 국가의 역사가 관련된 사건에 대한 주목이라는 일종의 제약이 존재했다. '역사의 접속점'이라는 표현은 이것을 잘 나타낸다. 이것은 두 나라의 역사 이해가 다른 지점에서 대화가 시작된 이상 당연한 결과이다.

그렇지만 이와 같이 주로 관계성에 조준을 맞춰온 데에는 철의 장막을 앞에 두고 두 나라 사이(동서 사이)의 교류 가능성이 현저하게 제한되었던 탓이 있었다는 것도 부정할 수 없다. 그것에 비해 1950년대에 시작한 프랑스와의 대화는 유럽통합이라는 더 큰 정치·경제적 틀 속에서 관계성에 대한 주목을 넘어 일체성(독일사도 프랑스사도 모두 유럽사다!)을 지향하는 데까지 발전을 보이고 있다. 그리고 냉전이 종결되고, 폴란드의 유럽연합EU 가입이 현실성을 띠는 가운데 같은 전망이 독일—폴란드 대화에도 열렸다.

이러한 새로운 상황 속에 1994년 5월에 열린 공동교과서위원회 제 26회 회의에서 독일 측 대표인 체르낙의 제안에 따라 1977년부터 계속해온 두 나라 관계사의 특정 주제를 학문적인 견지에서 재검토하는 활동에 종지부를 찍었다. 그에 따르면, 두 나라 사이의 역사적인 대립은 해소되었으며, 또 독일의 분열과 불가분의 관계였던 유럽의 분열도 종언한 지금, 공동교과서위원회는 새로운 상황을 염두에 둔 새로운 과제에 대처해야 한다는 것이었다.

구체적으로는 1995년에 바르샤바에서 개최된 제27회 회의에서 '계몽주의 시대부터 제2차 세계대전 개시까지의 독일인과 폴란드인과 유대인'이라는 주제가 설정되어, 처음으로 독일인과 폴란드인 관계 이외의 주제가 논의의 대상이 되었다. 이전의 대화에서 소수자라고 하면, 독일 영내의 폴란드인 노동자이거나 폴란드 국내에 남겨진 독일계 주민이었다. 그것에 비해 이 바르샤바 회의에서는 제3자로서의 유대인 시점이 설정됨으로써 회의가 훨씬 보편적인 성격을 가지게 되었다. 각국의 다수자와, 소수자로서의 유대인의 관계라는 주제는 유럽의 많은 지역에서 오늘날에도 여전히 큰 의미를 지닌다. 이스라엘 역사가도 회의에 참가하여 독일인과 폴란드인과 유대인의 3자관계에서 역사를 파악하는 보고를 했다. 또 이듬해인 1996년에는 베를린에서 '타자他者 인식 ── 역사교육이 유럽에 끼친 공헌(프랑스·독일─폴란드를 예로 들어)'이라는 세미나가 열렸다.

물론 체르낙으로 대표되는 인식이 옳다고는 할 수 없고, 또 공동교과서위원회의 멤버 사이에서도 반드시 완전하게 의견이 일치한 것은 아니다. 예를 들어 1997년 이래 폴란드 측의 제4대 대표를 맡은 바르샤바대학 교수 브워지미에시 보로제이(Włodzimierz Borodzjei)는 유럽통합이라는 목표를 지나치게 의식하면서 역사를 재해석하려는 자세에 오히려 비판적이며, 다시 민족사를 시야의 중심에 두고 그것에 대한 비판적 검토를 계속하는 일의 중요성을 호소했다.

아마도 보로제이의 생각이 옳을 것이다. 다음 장 이하에서 기술하는 바와 같이, 민족사를 넘는 공통의 유럽사 추구는 불가피하게 몇 가지 원리적인 문제를 일으키게 된다. 그러나 단순한 미래의 목표로서 뿐만 아니라 일상생활에서 유럽이라는 정치적·경제적인 단위를 실감하게 된 오늘날, 가능성으로서의 유럽사를 무시할 수 없음도 분명하다. 독일-프랑스 대화에서 보이는 바와 같이, 19세기 말 이래의 역사를 가진 유럽의 국제 교과서 대화는 구체적인 국민국가를 넘는 세계로 유럽이라는 공간을 상정하는 점에서 그 추진력을 획득해온 경위도 있으며, 이 점에서는 독일-폴란드 대화도 예외가 아니다. 그것은 분명히 이제까지 두 나라의 관계에 시점을 한정해 왔는데, 견해의 차이가 큰 점, 예를 들어 코페르니쿠스가 독일인인가 폴란드인인가 라는 문제나 제2차 세계대전 중에 독일인이 행한 저항운동의 평가에 대해서는 각각 '유럽 일류의 지식인', '위대한 유럽의 저항운동의 일부'라는 긍정적인 회답을 보였다. 이것은 공동교과서위원회 멤버 사이에 두나라의 대립을 초월하는 차원으로서의 유럽이라는 의식이 있었음을 보여준다.

이러한 점에서 예상외로 빨리 찾아온 오늘날의 상황에 구체적으로 어떻게 대응할지를 두고 의견이 나뉜다고 해도, 국제 역사교과서 대화는 역시 유럽사를 시야에 넣을 필요가 있다. 이하 제2부에서는 전후 유럽에서 진전시켜온 다국 간의 대화, 특히 유럽을 둘러싼 국제 역사교과서 대화에 눈을 돌리기로 한다.

2부

유럽통합과 역사교육

4장 | 역사교육, 유럽을 고민하다

유럽의 교육

오늘날 '유럽의 교육'이라는 말은 아시아의 교육이나 중남미의 교육과는 다른 의미를 가진다. 그것은 단지 프랑스 교육, 독일 교육, 네덜란드 교육 등과 같은 유럽 각국의 교육을 더한 결과로서의 총계를 의미할 뿐 아니라, 유럽이라는 공간을 이미 형상을 이룬 하나의 사회로 보고 그 사회의 교육을 의미하기도 한다.

유럽 각국의 교육은 한층 다양해지고 있으며, 따라서 '프랑스 교육'과 같이 기존의 국가 이름을 붙임으로써 그 지역의 교육을 하나의 자립된 단위로 간주하는 단어 사용은 오늘날도 계속되고 있다. 그러나 이것이 유럽이라는 사회에 입각한 교육을 생각할 가능성을 부정하는 것은 아니다.

앞에서 본 바와 같이, 예를 들어 독일의 경우 베를린과 바이에른의 역사교육에 대한 생각이 상당히 다르다. 이러한 차이는 공동교과서위원회의 활동과 같은 정치적 의미를 가진 미묘한 문제를 둘러싸고 생길 뿐 아니라 꽤 일반적이라고 할 수 있다. 또 통일 후 구동독지역에 있는 주까지 시야에 넣는다면, 각 주에서 행해지는 교육 간의 거리는 꽤 넓어진다. 그러나 '그러므로 독일 교육이라는 것은 존재하지 않는다'라고 말해서는 안 될 것이다. 물론 대단히 큰 다양성에도 불구하고, 독일 교육의 일체성이 상정될 수 있는 것은, 상설교육장관회의와 같은 기관에 의해 각 주의 교육에 최저한의 공동성과 일종의 호환성이 보증되어 있다는 사실에 기인하는 바가 크다는 것을 부정할 수 없다. 그렇지만 이 사실과 함께 중요한 것은, 독일 교육이라고 하는 무엇인가가 존재하고 있다(있을 것이다)는 가정 아래 실제로 각 주의 교육이 행해지고 있다는 것이다. 그와 같이 가정하고 있었기 때문에 상설교육장관회의와 같은 협의기관이 성립할 수 있었고, 최소한의 교육 공통성이 추구되었다.

독일의 예가 보여주는 바와 같이, 유럽 교육 ─ 다양한 교육제도를 가진 국가와 지역으로 이루어진 전체로서의 유럽을 하나의 단위로 보는 교육 ─ 의 존재 유무는 기본적으로 그와 같은 교육에 대한 인식이 어느 정도로 확대되어 있는지에 달려 있다. 이미 1959년 이래 유럽 각국 교육부장관의 정기 협력기관이 존재했고(유럽교육부장관회의), 또 EU의 발전에 발맞춰 각종 학교의 수료 자격을 상호 인정하는 구조도 갖추어지고 있다. 이와 같은 구조의 정비가 진행되어온 배경에는 적어도 이른바 유럽 교육을 만들어내려는 의도가 분명히 존재한다.

물론 어떤 가정이 거의 자명하다는 것과, 그와 같은 가정을 현실 가능한 것으로 만들려는 의도 사이에는 거리가 있다. 아직 유럽연방공화국은 존재하지 않으며, 이른바 유럽이라는 정체성은 오히려 구축 과정이라 할 것이다. 그러나 만약 장래에 유럽 교육의 존재가 당연시 될 때가 와서 과거를 돌이켜 유럽 교육사를 정리하는 단계가 되면, 오늘날까지 추진되어온 유럽 교육을 건설하려는 시도를 그 출발점으로, 혹은 적어도 전사前史로서 거론해야 할 것이다.

유럽통합과 교육 정책

유럽의 교육이라는 말이 새로운 의미로 사용할 수 있게 된 배경에는 당연히 오늘날의 EU로 연결되는 서유럽에서의 경제를 중심으로 한 국제통합의 움직임이 있다. 그렇지만 1951년에 유럽석탄철강공동체설립조약이 체결됨에 따라 통합으로의 첫걸음이 기록된 이래, 교육(혹은 보다 넓은 의미에서 문화)이라는 영역은 오랫동안 공동체의 관할 범위 밖에 있었다고 말하지 않을 수 없다. 일본에서도 유명한, 국경을 초월하여 역내域內 대학의 협력을 촉구하는 에라스무스 프로그램[50]은 1988년에 개시된 것으로, 그다지 오랜 역사를 가지고 있지 않다.

공동체가 비교적 일찍부터 교육에 관여할 수 있었던 것은 직업교육분야 뿐이다. 1957년의 로마조약에는 제128조에서 직업 훈련에 관한 공동 정책의 실시가 언급되어 있다. 이것은 공동체가 경제 영역에서의 통합을 염두에 두고 결정한 것이었다. 반면에 이 조약은 보통교육에 대해서는 완전히 침묵을 지켰다. 게다가 직업교육 영역에 대해서조차 공동체의 각료이사회가 작성한 계획은 각국 정부가 참고할 만한 모델이었을 뿐이지 각국 정부에 대해 구속력을 가진 것은 아니었다는 해석이 일반적이다.

유일하게 예외적으로 공동체와 보통교육과의 관계를 보여주는 것이 유럽 학교이다. 오늘날 독일에서는 독일어 외에 프랑스어나 이탈리아어 등의 유럽 언어로 바이링구어 교육을 하는 보통학교도 '유럽 학교'라 부르는 경우가 있는데, 공동체와의 관계에서 더욱 중요한 유럽 학교는 1953년에 처음으로 유럽석탄철강공동체의 직원 자녀를 위해 룩셈부르크에 설립된 뒤에 공동체의 확대와 함께 브뤼셀이나 칼스루에 등 유럽 각지에 설립되었던

50__ 1987년에 운영을 시작해, 유럽연합 회원국 이외에도 노르웨이와 아이슬란드 같은 몇몇 국가가 이 프로그램에 참여했다. 1995년 이래 언어교육 프로그램인 링구어(LINGUA, 유럽연합의 언어교육 프로그램)와 함께 통합되어, 좀더 포괄적인 소크라테스 프로그램으로 확대되었다. 이 프로그램은 1999년에 운영을 종료하고, 2000년 1월 24일부터 소크라테스II 프로그램으로 다시 시작되었다.

이른바 '공동체의 유럽 학교'다. 이들 학교의 교과과정은 원칙적으로 각국의 교육과정에서 독립되어 있고, 유럽 바칼로레아로 불리는 전 가맹국 내에서 유효한 대학입학자격을 위해 구성되어 있다. 거기에서는 부모 국적의 국가적인(국민국가를 전제로 하고 그것을 지지하는) 문화의 획득뿐만 아니라, 개개의 문화를 초월하여 유럽인으로서의 자각을 키우는 것을 목표로 한다. 오늘날 중요시되는 유럽의 정체성을 교육시킨 선구성을 이러한 유럽 학교에서 볼 수 있다.

그러나 엄밀히 말하면, 유럽 학교는 공동체 가맹국이 맺은 다른 조약 아래에 있는 것이지, 공동체의 기관이 아니다. 또 각 가맹국 정부가 이런 교육기관의 설립을 수월하게 인정했던 가장 큰 이유는 유럽 학교에서 배우게 되는 자국민의 수가 극히 한정되어 있다는 점에 있다. 또한 얼마 안 되는 아이들을 위해 일본처럼 자국민만을 위한 학교를 독자적으로 설치하고 운영하는 데는 비용이 너무 든다는 현실적인 판단도 작용하고 있는 것이다.

어쨌거나 경제통합이라는 목표가 사람들의 국제 이동을 전제로 하고 있는 이상, 목표를 설정한 시점에서 그 영향이 교육에도 미치는 것은 불가피했다. 그러나 그것은 시장의 확대를 지향하는 경제 논리였고, 교육의 관점에서 보면 그와 같이 기존 국민교육의 체계를 붕괴시킬지도 모르는 위험한 움직임은 예외라는 범주에 남겨두어야 했다. 요컨대 현실에서는 여전히 소수인 국제 이동을 경험했던 인간에 대한 특별한 교육을 예외적 존재로서 '유럽성' 혹은 이른바 '국제성'이라는 확실한 특징을 부가하여 허용하지만, 한편으로 바캉스를 제외하고 외국에 가는 일이 거의 없는 대부분의 국민은 종래의 국민적 교육 아래에 남겨둔다는 원칙이 각국 정부에 의해서 양해되었다고 할 수 있다.

공동체가 보통교육에 대해서 공식적으로 언급한 것은 유럽석탄철강공동체의 조약체결로부터 25년이 지난 후인 1976년의 '교육의 영역에 있어서의 행동계획에 관한 결의'가 최초이다. 초등·중등학교 교사의 교환과 각국에서의 역내城內 외국어 수업의 촉진을 호소하는 그 내용은, 예를 들어 서독의 교육에 상설교육장관회의에 의한 권고 '수업에서의 유럽'(1978)을 통합시킨다고 하여 충격을 주었다. 거기에는 학생의 유럽 의식을 키우는 것이 독일 학교의 과제 중 하나라고 명확히 기록되어 있었다. 보수·진보를 불문하고 기본적으로 유럽에서 미래를 찾아내기 시작했던 서독에서 이와 같은 권고가 공포된 것은 특별히 이상한 일은 아니다.

그러나 그 현실적인 의미에 대해 유럽 교육의 발전을 지향하는 입장에서는 회의적인 목소리가 높아지고 있다. 요컨대 공동체의 결의는 물론, 서독의 상설교육장관회의의 권고도 아무런 법적 구속력을 갖고 있지 않다는 것이다. 회의론자에 따르면, 1978년의 권고가 지닌 의미는 그때까지 서독에서 행해온 여러 가지 선구적인 시도에 일종의 정당성을 부여한 점에서 겨우 인정되지만, 그것에 의해서 새로운 중요한 활동이 특별히 개시된 것은 아니라고 말한다. 더욱이 이 책의 주제인 역사교육, 특히 역사교과서라는 구체적인 논점에 대해서 말하면, 그들의 결의와 권고는 여전히 아무것도 말하고 있지 않다. 그들 가운데 다소 구체성을 가지고 언급되는 것은 기존의 교육과정에 부가적으로 행해지는 인적 교류의 촉진일 뿐이고, 국내적 시야에서 행해온 종래의 학교교육에 대해서는 변혁을 위한 아무런 구체적인 아이디어를 보여주지 않는다.

교육과정과 교과서(교재)에 대해 처음으로 공동체의 결의로 명확하게 언급한 것은 1988년의 '교육에서의 유럽 차원에 대한 결의'이다. 이것은 단일

유럽의정서[51]로 상징되는 통합의 진전이나, 특히 교육·문화의 영역에서 에라스무스 프로그램의 개시와 때를 같이 한다. 여기에서는 이른바 유럽의 정체성을 키우기 위해 가맹 각국과 공동체가 취해야 할 조치가 나누어 논의되었고, 교재에 대해 실질적인 대응이 취해져야 한다는 점이 확인되었다. 특히 문학·언어·역사·지리·사회과학·경제·예술과 같은 학교교육의 구체적인 교과명을 언급하면서 각각의 교육과정 속에서 유럽 차원을 명확하게 하도록 각국 정부에 요구한 점에서도 1976년 이래의 논의가 한층 심화되었음을 알 수 있다.

이 결의의 영향을 다시 서독에 주목해서 확인하면, 1990년에 1976년 권고의 개정 작업이 행해졌다. 이 가운데 이전의 권고가 인적 교류 이외에 구체적인 행동영역을 분명히 하지 않았던 것과는 달리 지리나 정치·경제와 같은 교과와 함께 역사도 언급하여 1988년 결의에 대응한다. 그런 다음 개정 권고는 "유럽이 함께 발전한 결과, 유럽 사람들에게는 각각의 민족적인 역사나 전통을 새로운 빛으로 비추어 보는 것이 요구되고 있다"라고 기술하고 있다.

이 표현에는 민족적인 시점에서 언급되어온 독일의 역사교육을 유럽의 시점에서 전면적으로 다시 볼 필요가 있다는 인식이 존재하는 듯하다. 물론 이것을 실행하기는 쉽지 않다. 그렇지만 뒤에 기술하는 바와 같이 이 시기에 독일을 비롯한 유럽 각국에서 이러한 인식이 반향을 얻어 각국사를 긁어모은 것이 아닌 진정한 의미의 유럽사를 가르치려는 움직임이 시작된

51__ 유럽공동체 회원국들의 경제통합을 완성하려고 1985년 12월에 작성되었고, 이 목표는 1992년에 달성되었다.

것도 사실이다.

공동체 교육을 고민한 끝에 나온 1992년의 마스트리흐트 조약에 눈을 돌려보자. 유럽경제공동체 설립을 위한 로마조약에는 보통교육에 관한 조항이 없었는데 마스트리흐트 조약에는 '사회 정책, 보통·직업교육, 청소년' 편에 제126조 '보통교육'의 규정이 있다. 이로써 유럽경제공동체가 설립된 지 35년 후에야 공동체가 보통교육에 관여하는 것이 법적으로 겨우 가능해졌다. 좁은 의미의 경제통합이 지향되던 단계에서 정치통합까지도 장래의 전망에 넣는 국면을 맞이했을 때에 교육이나 문화적 영역에 대해서는 경제 영역의 통합과는 별도로 각국 독자적 전통이 존중되어야 한다는, 공동체 설립 당초에 지배적이었던 이해는 크게 양보하지 않을 수 없게 되었다.

제126조 1항에는 다음과 같이 적혀 있다.

공동체는 가맹국 간의 협력을 촉진함으로써, 또 교육 내용과 교육 제도에 대한 가맹국의 책임과 가맹국의 언어와 문화의 다양성을 엄격하게 존중하면서 가맹국의 활동을 지원하고 보완함으로써 질 높은 교육의 발전에 기여한다.

이 조항에 의해서 EU에 독자적인 교육부가 설립된 것도, 단일한 교육과정이 만들어진 것도 아니다. 또한 "가맹국의 언어와 문화의 다양성을 엄격하게 존중하면서"라는 문장에는 종래의 자세가 계속 보인다. 하지만 공동체에 대해 각국의 국민교육에 관여할 권한을 인정한 이 조항의 의미는 크다. 이 조항에 의해 그때까지 각국 정부의 배타적인 감독 아래에 있다고 생각되던 국민교육 시스템 전체에서 그 배타성이 포기되었다. 더구나 제126조 2항에는 공동체의 활동목표 중 하나로 '교육에서의 유럽 차원'의 발전도 언급되었다. 이것은 이른바 유럽 교육의 발전을 위해서 공동체가 스스로 주도권을 쥐고 각국 정부의 협력을 얻어 독자적으로 교육 정책을 실행하는 것이 인정되었음을 의미한다.

전후 서유럽에서의 국제 역사교과서 대화

이제까지 살펴본 것처럼 유럽 교육의 발전과정은 교육에서 국가의 벽이 낮아지고 있음을 의미하며, 이는 역사교육에서 민족주의에 맞서는 국제 역사교과서 대화의 발전에 대응하는 것이다. 제1부에서 다룬 독일과 폴란드의 대화가 최근까지 한결같이 두 나라 간의 화해 의지로 진행되어왔던 것, 즉 두 국민국가의 존재를 전제로 양자의 평화적인 관계를 모색한다는 데 기초를 두고 발전해온 것을 생각할 때, 오늘날 EU로 상징되는 서유럽에서의 국민교육관의 변용은 국제 역사교과서 대화의 정신에 더 합치된다고 생각할 수도 있다. 사실 독일-폴란드 대화도 동유럽 혁명 이후 국제정치적인 전제조건이 호전됨에 따라 종래의 두 나라 관계를 초월하는 목표를 추구하기에 이르렀다.

확실히 국제 역사교과서 대화는 두 나라 간에 행해지는 것보다도 다국간에 실현되는 것이 바람직하다고 할 수 있다. 특히 근현대에 복수의 국가가 관계했던 역사적 주제를 놓고 두 나라의 역사가들만 논의하는 것은 참가하지 않은 제3자에게 책임을 전가하는 것으로 끝날 위험이 있다. 1951년의 독일-프랑스 대화에서는 제1차 세계대전의 원인을 둘러싸고 독일에게 모든 책임을 지우는 베르사유 조약을 밑받침한 전전戰前의 역사 이해에 재고를 구하는 한편, 제3자인 러시아에 많은 책임을 전가하는 듯한 해석에 기초한 권고가 작성되었는데, 이 권고는 그후 1965년에 열린 제12회 회의에서 프리츠 피셔[52]의 비판을 받았다.

일반적으로 참가하는 국가의 수가 늘어나면 그만큼 대화에 들어가는 시간적·경제적 비용도 증대하지만, 대화는 되도록 다양한 시점을 가진 역사가가 참가한 가운데 진행되어야 하며, 그런 점에서 다국간 대화가 상대적으로 더 바람직하다. 그리고 오늘날 서유럽에는 그를 위한 전제조건이 상당히 갖추어져 있다고 볼 수 있다. 거기에는 국가나 지역에 따라 정도의 차이가 있긴 하지만, 교육 제도와 내용에서 독선적인 자세가 부정되어야 한다는 최소한의 합의가 성립되어 있고, 또 이제까지 민족적인 틀 안에서 형성되어온 역사 이해를 국가를 초월한 시점으로 새롭게 재구성해야 한다는 공통의 인식이 형성되고 있다.

유럽석탄철강공동체의 설립부터 마스트리흐트 조약을 거쳐 오늘날까지 더욱더 정치통합을 강하게 지향해온 공동체의 발전과정도 적극적인 통합 추진파의 눈으로 볼 때, 특히 교육의 영역에는 현저하게 대응이 늦어져 있다. 여기에는 일부 국가에 여전히 현저한 — 많은 국가들에 정도의 차이는 있지만 공통된 — 인식, 즉 교육은 국민·국가의 기초이며 신성 불가침하다는 고정관념이 큰 영향력을 가지고 있음을 엿볼 수 있다. 이런 사실은 경시되어서는 안 된다.

한때는 지나치게 무력한 존재로 보이기도 했던 공동체이지만, 그래도 대중적인 관점에서 보면 '유럽통합의 진전=유럽공동체의 강화', 더욱이 '유

52__ Fritz Fischer(1908~1999). 독일의 역사가로, 제1차 세계대전 시기의 유럽에서 일어난 현상의 변경으로 이익을 본 것은 독일뿐이었고, 전쟁책임의 상당 부분은 독일에게 있다고 주장했다.(원주)

럽=유럽공동체'라는 감각이 존재할 만큼 공동체가 계속 주목받은 것이 사실이며, 그러한 큰 영향력을 가진 기관이었기 때문에 도리어 교육과 같은 민감한 영역에 대한 대응이 주저되어왔다는 것도 부정할 수 없다. 또 공동체에서 더 중요한 목표였던 경제통합을 순조롭게 추진하기 위해서 쓸데없는 저항을 야기할지도 모르는 교육영역에서는 자제하는 태도를 취하지 않을 수 없었던 면이 있었다는 것도 충분히 생각할 수 있다.

이는 공동체 이외의 장에 더 적극적으로 유럽 교육을 지향하는 움직임이 존재할 가능성을 시사한다. 그리고 이제부터 주목할 유럽평의회도 그와 같은 활동의 장의 대표적인 것 중 하나로 볼 수 있다.

유럽평의회(Council of Europe: Conseil de I'Europe, Europarat)는 '유럽 공통의 이념에 기초를 두고, 그 통합을 촉구하는' 것을 목적으로, 1949년 5월 5일에 유럽 10개국에 의해서 이전의 독일과 프랑스의 분쟁지인 스트라스부르에 설립되었다. 1995년 말 시점에서 38개의 가맹국을 가진 이 평의회는 오늘날의 유럽통합 기관 중에서 가장 긴 역사를 가지며, 동시에 최대 기관이기도 하다. 활동범위는 넓고, 안전보장을 제외한 모든 영역 — 여기에는 인권이나 환경 문제와 나란히 교육이나 문화도 포함된다 — 을 그 대상으로 한다. 유럽석탄철강공동체나 유럽경제공동체와는 달리 통합에 회의적인 목소리가 강한 영국도 원原 가맹국으로서 참가하고 있으며, 이는 유럽평의회가 기본적으로 각국의 외무장관이나 그 밖의 수뇌를 중심으로 한 의견 교환의 자리였음을 보여준다. 그러나 이러한 성격으로 인해 유럽평의회가 전후 일찍부터 교육에 매달릴 수 있었다고 할 수 있다. 또 이제까지 EU가 맹을 맺지 않은 터키나 영세중립이라는 국가원칙 때문에 EU에 가맹하지 않은 스위스 같은 나라들도 늦어도 1960년대까지는 이 평의회에 참가했고,

더욱이 동유럽 혁명 이후에는 이전 구 동유럽 국가들도 잇따라 가맹하고 있는 점도 EU와는 크게 다르며, 그런 점에서도 더 유연한 기관이라고 할 수 있다.

그리고 이와 같은 성격을 살려, 제1장에서도 언급한 바와 같이, 유럽평의회는 1965년에 게오르크 에케르트 국제교과서연구소와의 협력관계를 개시하는 등 상당히 이른 시기부터 국제 역사교과서 대화의 의의를 인식하고 그것을 지지해왔다. 아래에서는 1950년대에 열린 다국간 대화의 예로서 6회에 걸쳐 유럽 각지에서 개최되었던 '유럽 역사교육 심포지엄'에 주목하고자 한다.

심포지엄의 시작

6년에 걸친 심포지엄의 제1회는 1953년 8월에 독일 남부의 슈바르츠발트에 위치한 휴양도시 칼프의 교육아카데미에서 개최되었다. 이 심포지엄은 게오르크 에케르트 이외 독일역사교원노동조합의 중심인물로 오랫동안 회장을 맡았던 칼 디트리히 에르트만(Karl Dietrich Erdmann), 그리고 교육아카데미 소장이며 역시 역사교원노동조합의 리더 중 한 사람이었던 펠릭스 메써슈미트(Felix Messerschmidt), 세 사람이 유럽평의회를 설득하여 실현되었다. 독일 외무부에서도 지원을 받은 그들은 같은 해 4월에 유럽평의회 가맹 각국의 교육부장관에게 계획 중인 심포지엄에 참가할 대표를 추천하도록 의뢰서를 보냈다. 그 의뢰서에는 이 심포지엄의 목적이 민족적인 시점에서 언급되는 경향이 강한 역사교육에 유럽의 차원을 도입하는 것임이 명확하게 기술되어 있다. 또한 교육부장관에게는 역사교육 관계자로, 되도록 과거에 국제 역사교과서 대화에 참가했던 경험이 있는 인물을 추천하도록 요청했다.

대표 수는 당시의 가맹 15개국 중 프랑스·독일·이탈리아·영국이 각 3명이었고, 벨기에·그리스·네덜란드·스웨덴·터키가 각 2명, 덴마크·아이슬란드·아일랜드·룩셈부르크·노르웨이·자를란트가 각 1명이었다. 자를란트는 1955년의 주민투표와 이듬해의 룩셈부르크조약의 결과 서독으로 복귀됨에 따라 1956년 이후에는 독자 대표를 보낼 수 없게 되었다. 반대로 새롭게 유럽평의회에 가맹한 오스트리아는 1956년부터, 스페인은 1977년부터 대표를 파견하고 있다.

각국의 참가자는 대중매체와 완전히 차단된 채 9일간에 걸쳐 작업을 계속했다. 심포지엄 전체 활동은 전체회의와 실무회의로 나뉘어 진행되었으며, 3개의 실무회의가 편성될 즈음에는 전원이 한 가지 언어를 자유롭게 사용할 수 있도록 배려되었다.

보고서에 따르면, 전원이 모국어 외에 최소 한 가지 외국어를 자유롭게 사용할 수 있었는데, 특히 프랑스어를 듣고 이해하지 못하는 사람은 없었다고 한다. 심포지엄 전체 최종보고서는 교육아카데미의 손에 의해 독일어로 정리된 다음 유럽평의회의 공용어인 영어와 프랑스어로 번역되어 제출되었다.

심포지엄이 처음 행해진 제1회 전체회의에서는 프랑스의 리세[53] 교수인 에듀알 브류리(Edouard Bruley)의 제안과 에케르트의 지지에 힘입어, 국제 역사교과서 대화의 경험이 풍부한 호콘 비간데르(Haakon Viganer) 노르웨

53__ 프랑스의 국립중등학교이다.

이 대표가 의장에 선출되었다. 그리고 심포지엄의 성과를 통합해서 유럽평의회에 제출하는 권고를 정리할 위원회에는 브뤼리, 에케르트, 그리고 영국 그래머 스쿨[54]의 교장이었던 단스(E. H. Dance)가 선출되었다. 이 세 사람과 의장인 비간다 네 사람이 칼프 심포지엄뿐만 아니라 이후 1958년까지 계속된 일련의 심포지엄을 기획하고 실행하는 데 중심적인 역할을 담당했다. 그들은 같은 시기에 유네스코에 의해 세계적 규모로 추진된 국제 역사교과서 대화에서도 주도권을 잡아, 유럽뿐 아니라 전후 세계에서의 대화를 발전시키는 기초를 쌓았다고 볼 수 있다.

심포지엄에서는 의장 등의 선출에 이어, 각국의 대표가 자국의 역사교육 시스템과 국제 역사교과서 대화에 대한 대응 상황을 보고하고, 그후 중세부·근대부·현대부의 세 실무회의로 나뉘어 각 시대를 가르칠 때 주의해야 할 점, 종래의 교육에서 개선할 점을 찾는 활동을 했다.

여기서 역사를 보는 데 중세부터 시작하는〔고대 그리스·로마의 역사에서부터 시작되지 않는〕점에 주의할 필요가 있다. 여기에는 적어도 두 가지 이유가 있을 것이다. 첫째는 현실적인 이유로서, 참가 각국의 교육과정에서 고대사의 자리매김에 큰 차이가 있다는 것이다. 즉, 가맹국 중에는 고대사를 역사교육의 일부로 가르치는 국가가 있는 한편, 그것을 고대 그리스어와 라틴어 같은 고전어 수업에서 다루는 나라들도 있었다. 이러한 의미에서 역사교육 내용 이전의 근본적인 차이가 이번 역사교육 심포지엄에서 고대사 논의를 주저하게 했음은 확실하다. 한편 두 번째 이유로는 심포지엄을 준비한 관계자의 역사 이해를 생각할 수 있다. 이것은 구체적으로는 '유럽은

54_ 영국의 7년제 인문계 중등학교이다.

언제 시작되는가?'라는 중요한 문제와 관련이 있다. 이 물음은 '유럽은 무엇인가?'라는 몇 번씩이나 계속 질문해온 문제와 함께 가장 논쟁적인 주제 중 하나이다.

심포지엄 참가자 대부분은 유럽 세계의 성립이 근대 이후라고 생각하고 있었다. 이것은 하나의 정통적인 사고방식이다. 요컨대 고대 그리스·로마가 의미하는 것은 지중해 세계이지 유럽 세계가 아니다. 그리스도교·지중해 세계가 게르만 문화나 슬라브 문화와 융합되는 과정에서, 즉 중세에 들어올 무렵부터 겨우 오늘날의 유럽 세계의 기초가 조금씩 형성되어가는 것이지, 그 이전에 유럽이라고 하는 말은 오늘날과 같은 세계를 지칭하지 않았다는 것이다. 이와 같은 이해가 과연 타당한지 여부에 대해서는 이론도 있을 수 있다. 그러나 이처럼 생각하면 역사교육에 유럽 차원을 도입하는 것을 목적으로 한 이 심포지엄이 유럽의 뿌리 중 하나에 지나지 않는 고대 그리스·로마까지 거슬러 올라가 그곳부터 논의를 시작하는 것은 오히려 부자연스럽다. 따라서 오늘날 유럽 세계의 싹이 보이는 중세부터 출발하는 것은 당연하다.

그런데 9일간에 걸친 심포지엄 마지막 날에 열린 전체회의에서는 14항목으로 이루어진 권고가 작성되었는데, 제1항에는 다음과 같이 쓰여 있다.

> 우리들의 목적은 역사를 유럽의 일체성을 위한 선전 도구로 이용하는 것이 아니라 전통적인 오해와 편견을 없애고 사실을 확정하는 것이다. 이 작업을 통해서 역사에 대한 유력한 유럽적 시점이 나타나리라 확신하고 있다.

여기에 심포지엄을 일관하는 기본자세가 나타나고 있다. 그것은 각국의 역사, 특히 근현대사에서 민족주의적으로 왜곡되어 형성된 종래의 역사 이해에 대해 그릇된 인식을 지적하고 사실로 바꿔놓는 일종의 수정작업을 첫 번째 목표로 하며, 그와 같은 사실 확인 작업을 쌓아 나감으로써 언젠가는 민족적인 왜곡이 아닌, 보편적인 유럽의 공통적 역사 이해를 낳게 되리라 보고 있다. 한편으로 첫 문장에서 밝힌 바와 같이, 유럽통합을 위해 유리한 역사상을 새롭게 만들어내는 것 ― 고대 그리스부터 20세기에 이르기까지 유례없는 발전을 계속해온 유럽문명의 역사를 쓰는 것 ― 은 분명히 부정되었다.

실제로 이 두 가지 자세는, 유럽 공통의 역사 이해가 가능하다고 보고 그것을 일종의 목표로 하는 점은 같다. 그러나 그 목표를 추구한 나머지 역사학적인 비판적 사고를 희생하는 것을 그들은 무엇보다도 염려한다. 이 자성적인 자세로 인해 일련의 심포지엄에서 활동의 중심을 각국의 역사교과서에 존재하는 국민적 편견을 지적하는 데 두고, 일부 참가자들이 제기한 공통의 유럽사 작성이라는 제안을 거부할 수 있었던 것이다.

심포지엄의 전개

칼프의 제1회 심포지엄에 이어 1954년부터 오슬로, 로마, 프랑스의 루와요몽, 네덜란드의 스헤버닝언, 이스탄불/앙카라로 장소를 바꾸어서 매년 심포지엄이 개최되었다. 제2회 이후 제6회 심포지엄까지의 주제는 각각 '중세 유럽'(제2회), '16세기의 유럽'(제3회), '17~18세기의 유럽'(제4회), '1789~1871년'(제5회), '1870~1950년'(제6회)이었고, 각국의 참가자는 역사교과서의 분석과 그 시대를 다룰 때 주의할 점을 모은 권고 작성에 매달렸다. 교과서를 분석할 때에는, 예를 들면 '유럽의 통일을 달성한 로마교회의 역할은 어떻게 묘사되고 있는가?', '프랑스 혁명에 미친 사상적 조류는 프랑스에 전형적인 것으로 그려져 있는가? 그렇지 않으면 더 넓은 운동의 일부로서 쓰여 있는가?'라는 관점이 마련되어, 유럽을 향한 강한 지향성을 볼 수 있다.

그렇다고 해서 심포지엄 참가자가 반드시 각국의 교과서 분석에 만족한 것은 아니다. 1955년 로마에서 열린 제3회 심포지엄에서 단스는 한 가지 제안을 했다. 그것은 역사를 말할 때 예를 들어 '네이션(nation)'이라는 단어를 들더라도 프랑스어의 '나시옹'과 독일어의 '나치온'이 의미가 다르므로 그러한 기초적인 용어에서 의미의 같고 다름을 명확하게 하지 않으면 이와 같은 대화를 유효하게 진행시키기는 불가능하다는 것이었다.

실제로 역사학과 그 안에서 만들어진 역사상 자체가 근대의 산물이며 민족적인 틀을 전제로 발전해온 이상, 역사를 말할 때 사용되는 용어 대부분이 이미 민족주의의 각인을 받은 것이 분명하다. '나시옹'과 '나치온'에 대해서 말하자면, 알자스 지방의 영유를 둘러싼 독일과 프랑스의 대립에 의해 각각의 말에는 대립되는 의미가 가해졌다. '나시옹'이 알자스 주민들 사이에 있던 프랑스로의 귀속의지를 중시하는 것에 비해, '나치온'은 알자스어·알자스 문화와 독일어·독일 문화와의 공통성이라는 사실을 강조한다. 영토분쟁이라는 역사적 사실로 인해 상반되는 의미를 부여받은 '나시옹'과 '나치온'은 독일어에서 프랑스어, 혹은 프랑스어에서 독일어로 번역되는 과정에서 기계적으로 교체할 수 없으며, 이러한 예는 그 밖에도 무수히 존재한다.

단스의 제안을 받고, 다음 해 루와요몽에서 열린 심포지엄에서는 즉시 그와 같은 오해를 초래하기 쉬운 단어의 용어집 작성을 위한 용어집위원회가 설립되었다. 다만 이 용어집위원회에서 문제가 하나 발생하게 되었다. 터키 대표의 제안으로 채용해야 할 용어가 600개도 넘었는데, 다른 참가자에게는 그 대부분이 처음 보는 것뿐이었다. 각 역사교과서는 다른 나라의 위원이 분석한다는 원칙에도 불구하고, 종래의 오슬로 및 로마 회의에서도 터키와 그리스 교과서는 예외적으로 그 나라의 역사가가 분석했다. 터키어와 현대 그리스어를 이해하는 위원이 달리 없었기 때문이었다. 요컨대 이 두 나라와 다른 서유럽 국가의 참가자들 사이에는 현실적으로 분명한 거리가 존재했으며, 그때까지 방치되었던 이 차이가 여기서 다시 분명해졌다고 말할 수 있다. 그리고 터키 대표의 행위는 어떤 의미에서는 그 거리를 좁혀 보고자 서유럽의 역사가에게 요구한 것이었는데, 결국 이 자리에서 터키의 목록은 보류되고, 벨기에에서 제출한 20개 항목의 용어를 중심으로 작성이 진행되었다.

또한 1년에 한번 열리는 심포지엄에서 이와 같은 용어집을 편집하기는 불가능하기 때문에 실질적인 작업은 에케르트의 국제교과서연구소가 맡았다. 당초 단스는 각국의 교사에게 직접 건넬 간단한 핸드북을 생각하고 단기간에 완성할 것으로 예상했지만, 실제로 편집작업에 착수하자 문제는 그리 간단하지 않았다. 루아요몽 심포지엄에서 선택된 용어에 대해서는 곧 각국의 역사가에게 원고 집필을 의뢰했지만, 이듬해의 심포지엄 시점에도 완성되지 않은 원고가 상당히 남아 있었고, 더욱이 그것을 영어와 프랑스어로 번역할 필요도 있었다. 게다가 네덜란드의 스헤버닝언에서 열린 제5회 회의에서는 57개의 새로운 용어 목록이 작성되었고, 이듬해의 심포지엄에서 검토하기 위해 모든 원고를 1958년 2월 20일(제6회 심포지엄 준비회의 날)까지 완성하도록 요구되었다.

국제교과서연구소에서 용어집 편집을 담당해온 롤프 요하임 자트라는 다음 해 2월 17일자로 유럽평의회 문화국장 앞으로 편지를 한 통 썼다. 그는 편지에 평의회가 원고료와 번역 비용을 늦게 지불했기 때문에 심포지엄 참가자 이외의 역사가에게 원고 의뢰를 할 수 없고, 번역도 대폭 늦어진다고 호소했다. 6회에 걸친 심포지엄이 끝나가는 시점에서도 여전히 집필 의뢰조차 착수할 수 없는 항목이 있었다는 것이다.

결국 이 용어집이 완성된 것은 1964년의 일이었다. 규모를 50항목으로 한정함으로써 독일어판 『역사의 기초 개념 ― 유럽사에 대한 50 논고』가 겨우 출판되었다. 독일어판에 뒤이어 영어판과 프랑스어판도 간행될 예정이었지만, 이것이 실제로 출판된 흔적은 없다. 또 항목 수를 한정한 것과는 달리 개개 항목의 원고는 분량이 방대해졌다. 책명에서도 알 수 있듯이, 당초 목표였던 핸드북이 아니라 제각각 독립된 논문 형태가 되었다. 여기에는 일련의 심포지엄이 교과서 분석에 중점을 둔 데에서도 알 수 있듯이, 실제 역사 수업을 지원하기 위한 방법을 생각하기보다는 오히려 역사기술의 타당성 검토라는 학문적인 관심에 의해 특징지어진 것이다. 혹은 앞에서 본 유럽사에 대한 조심스러운 자세와 공통성을 찾을 수 있을 것이다.

1950년대의 심포지엄에는 유럽통합을 위해 역사교육을 활용하는 데 대해 국가에 의한 교육감독원의 승인과는 별도의 억제 원리가 작용하고 있었다. 그것은 유럽사의 평가와도 연관되어 있다.

세계사와의 연계

앞에서 서술한 바와 같이, '유럽의 모든 사람을 위한 유럽사'의 가능성이 1950년대의 심포지엄을 지탱해온 것은 틀림없다. 그것을 위해 학문적인 진실을 희생하는 위험까지 무릅쓴 것은 부정할 수 없지만, 유럽사라고 하는 이를테면 먼 미래의 목표가 각국의 역사교과서 속의 왜곡된 기술을 수정해 나간다는 작업의 의미를 더욱 명확하게 했다.

그렇지만 확인해두어야 하는 것은 그들이 상정한 유럽사는 민족적인 역사를 초월한 것으로서만 평가되는 것이 아니라, 역시 먼 장래의 목표에 속하는 '세계사'와 연결되는 것으로 이해되었다는 점이다. 그리고 이러한 이해는 유럽평의회 아래에서 추진되어온 활동이 전전의 지적협력국제위원회나 전후의 유네스코에 의한 국제 역사교과서 대화와 사상적으로도, 또 실제의 운동에서도 밀접한 관계가 있음을 보여준다.

여기서 말하는 '세계사'는 일본의 고등학교에서 가르치고 있는 세계사와는 기본적으로 성격이 다르다. 고등학교 교과로서의 세계사는 본질적으로는 다양한 외국사의 집합체라고 해도 좋을 것이다. 그것은 단순한 각국사의 나열이 아니라, 이를테면 각국사의 틀 안에서 개발된 파트를 새롭게 재구성한 것이다. 그에 비해서 국제 역사교과서 대화의 문맥에서 주로 언급되는 '세계사'는 맨 처음부터 세계를 하나의 단위로 보고, 새롭게 쓰여질 이른바 인류 전체의 역사다. 거기에는 기존의 민족적인 역사에서 중요하게 다루었던 역사적 사실도, 또한 그렇지 않은 것도, 오늘날의 '세계'가 형성된 역사적 경위에서의 중요성이라는 관점에서 다시 검토되고, 그 위에 새롭게 중요성이 인정된 사실의 상호관계도 다시 해석된다.

이와 같은 '세계사'는 쉽게 그릴 수 없으며, 아직 존재하지 않는다고 해도 좋을 것이다. 그러나 국제 역사교과서 대화를 열심히 추진해온 사람들, 그리고 오늘날도 그것에 매달리고 있는 사람들 사이에는 유럽사를 민족사와 세계사를 잇는 중간적인 단계로 자리매김하는 사고가 존재한다. 요컨대 아직 세계 정부가 먼 미래의 꿈에 지나지 않는 이상, 종래의 민족적인 역사에서 한 걸음 앞서서 '세계사'를 지향하는 것은 비현실적이고, 우선은 유럽이나 아메리카 혹은 (동)아시아라고 하는 지역 차원에서 공통의 역사 이해를 구축하고, 그 위에 다시 지역 간의 대화를 통해 '세계사'를 지향하고자하는 것이다. 이처럼 생각하는 사람들에게 유럽사는 잠정적인 목표이지 최종목표는 아니다.

물론 이 같은 사고의 현실성에 대해서는 논의의 여지가 있을 것이다. 그러나 유럽평의회 아래서 1950년대에 진행되었던 대화에서는 실제로 이러한 사고가 큰 의미를 가지고 있었다. 칼프 심포지엄의 권고5에는 다음과 같이 기술되어 있다.

근대에 유럽이 세계에서 달성한 주요한 사항은 문제 삼을 만하다. 특히 유럽인들과 사상, 그리고 기술이 세계 규모로 확산되었다는 것이다. 여러 제국의 형성과 발전을 학습할 때는 이러한 전반적인 틀이 고려되어야 한다. 동시에 다른 문명의 특징, 그리고 그것들이 유럽문명에 끼친 공헌을 잊어서는 안 된다. 왜냐하면 유럽사가 세계사 전체의 일부라는 사실에 대한 시점을 잃어버려서는 안되기 때문이다.

이와 같은 자세는 기본적으로 일련의 심포지엄 전체에 일관되었다. 예를 들어 이듬해의 오슬로 심포지엄에서는, 중세사를 볼 때 서유럽뿐만 아니라 동로마 제국이나 이슬람 문명이 유럽의 학문과 예술에 미친 공헌을 종래 이상으로 높이 평가하는 것이 요구되었고, 또 17~18세기의 유럽을 주제로 했던 프랑스 루아요몽에서의 심포지엄에서는 훨씬 단적으로 유럽문명을 세계사의 문맥 속에 자리매김해서 해석하도록 하는 권고가 있었다.

'세계사'에 대한 시선은 6회에 걸친 일련의 심포지엄이 끝난 후에도 유럽평의회에 의한 국제 역사교과서 대화 속에서 계속되고 있다. 앞에서 기술한 용어집이 완성된 이듬해인 1965년에 유럽평의회는 '중등교육에서의 역사교육'을 주제로 덴마크의 헬싱괴르에서 심포지엄을 개최했다. 각국 대표에게는 미리 질문지가 배부되었는데, 거기에는 다음과 같은 항목이 있다.

· 여러분 나라의 역사교육은 세계 전체 혹은 유럽에 어느 정도 관계되어 있습니까?
· 자국사의 비율은 전체의 몇 퍼센트입니까?
· 여러분 나라의 교사에게는 자국의 역사를 유럽의 시점 혹은 국제적인 시점으로 다루는 것이 기대되고 있습니까?
· 교육과정기준과 교과서에 유럽의 역사는 독자적인 항목으로 들어가 있습니까?

이 질문에 대한 각국의 회답은 만족할 만한 것은 아니었다. 이전에 식민지를 보유했던 국가의 교과서에서는 식민지의 역사도 다뤄지고 있었다. 그러나 거기서 묘사하는 것은 종주국이 식민지를 획득하는 과정이었고, 종주국과 식민지의 영향 관계에서 식민지화된 측의 주체성이나 식민지가 종주국에 끼친 문화적·사회적 영향력은 대부분의 교과서에서 여전히 무시되었다. 또 유럽문명의 확대라는 표현으로 식민지화 과정을 미화하는 기술도

드물지 않았다.

역사에 대한 유럽적인 시점의 발전이라는 점에서도 중대한 문제가 지적되었다. 확실히 많은 교과서들이 중세를 묘사할 때 봉건제나 그리스도교 교회와 같은 전유럽적인 현상을 국경선에 상관없이 기술하는 경향을 보인다. 그렇지만 근대에 들어서면 유럽은 소멸하고, 한 권의 교과서 안에 프랑스사, 영국사, 프로이센사, 러시아사 등이 나열된다. 거기에서는 민주주의의 발전이나 기술 혁신과 같은 전유럽적인 현상도 각국사, 특히 자국사의 틀 안에서 묘사되어 있다. 이렇게 해서 1950년대의 심포지엄이 각국 역사교과서를 크게 개선시킨 것은 아니라는 점이 드러났다.

이와 같은 상황을 앞에 두고, 헬싱괴르에서는 유럽사와 세계사를 가르치는 데 대해 두 개의 권고가 정리되었다. 권고는 다음과 같이 기술하고 있다.

> 심포지엄 참가자는 세계사를 현대사의 일부로뿐만 아니라, 고대부터의 유럽사를 학습할 때에도 반드시 가르쳐야 한다고 생각하고 있었다. 과거와 현재의 비유럽문명을 학습하는 것, 그들 문명이 유럽 각국에 준 영향과, 반대로 유럽 국가들이 비유럽 국가의 문명에 끼친 영향에 대해서 학습하는 것을 소홀히 해서는 안 된다.

이어 제2의 권고는 "되도록 역사는 유럽의 시점에서 보아야 한다. 특히 다음과 같이 유럽의 일부나 전체에 영향을 주었던 요소는 유럽의 시점에서 최적이다"라고 기술한 다음, 그 예로 중세의 도시와 농촌, 절대주의, 계몽사상, 사회주의, 두 차례의 세계대전 등 25개의 주제를 들었다.

이와 같은 전후 초기의 유럽평의회에 의한 국제 역사교과서 대화에서 기조를 이룬 것은, 종래의 민족적인 역사 대신에 유럽의 역사를 모색하는 자세웠다. 그것은 확실히 각국의 역사교육을 크게 변화시키는 데 이르지는 못했다. 1950년대 일련의 심포지엄 뒤에 그 참가자 중 한 사람은 "이미 유럽의 역사교과서에 민족주의적 편견은 존재하지 않는다"라고 기술했지만, 이것이 옳다고 해도 여전히 민족적인 시점이 남아 있다고 보아야 할 것이다.

그렇지만 그와 같은 현실을 앞에 두고 유럽평의회 아래에 모였던 각국 역사가들이 분명히 유럽사를 지향하는 자세를 취했던 것도 사실이다. 다만 여기서 중요한 것은 그 즈음 유럽사에 대해서 중요한 이중의 유보가 뒤따르고 있다는 점이다. 첫째로 그것은 세계사를 향한 잠정적인 목표라는 것, 둘째로 그것은 조급하게 달성해야 할 것이 아니라 기존의 민족사를 비판적으로 검토해가는 과정에서 언젠가 도달할 수 있다는 것이다.

헬싱괴르 심포지엄의 권고에는 다음과 같은 기술도 들어 있다.

각국에서 공통으로 가르쳐야 할 단일의 유럽사를 생각한다는 것은 문제 밖이다.

5장 | 유럽의 역사란 무엇인가

유럽에서 다국간 대화의 전개

앞 장에서는 1950~60년대 유럽평의회 아래서 행해진 국제 역사교과서 대화가 유럽사에 대해 어떤 자세를 취했는지를 확인했다. 거기에는 최종목표로 유럽사를 언급하면서도 직접적으로는 그것을 목표로 하지 않는 미묘한 자세가 나타나 있다. 이 자세는 기본적으로 1970년대부터 1980년대 후반까지 유럽평의회가 산발적으로 개최했던 여러 심포지엄이나 세미나에도 이어진다.

그런데 이 유럽의 다국간 대화에서도 이른바 동유럽 혁명 때부터 논의의 틀이 변화하기 시작했다. 서유럽에서의 통합은 일찍이 1980년대 말부터 가속화하고 있었는데, 동유럽 블록의 붕괴가 이 움직임의 기세를 더욱 강하게 했다.

그러한 가운데 1991년 11월 제1회 심포지엄 개최지인 칼프 근처 슈바르츠발트에 위치한 도나우에슁엔에서 열린 유럽평의회 역사교사 세미나는 결국 1953년 이래의 원칙을 깨고 유럽사 교재를 중심 주제로 선택했다.

이 세미나가 유럽사 교과서의 편집에 직접 매달린 것은 아니다. 그러나 거기에서는 이제부터 소개할 『유럽의 역사』 프로젝트를 포함하여 몇몇 유럽사 교재를 개발하는 시도가 소개되고, 그것은 모든 참가자들로부터 높은 평가를 받았다. 이전 서유럽의 통합에 적대적이던 구 동유럽 국가에서 참석한 역사교사들은 자칫하면 서유럽 중심의 역사 이해가 될 것이라는 우려 때문에 개개의 점에서 이론을 가질 수도 있었지만, 그들도 원칙적으로는 이러한 시도에 큰 기대를 표명했다. 여기에서는 빈곤이나 억압과 같은 이미지로 결부된 러시아=소련의 지배에서 벗어나 겨우 풍요롭고 자유로운 유럽으로 회귀할 가능성을 찾았던 그 나라 사람들이 유럽에 보낸 높은 기대를 볼 수 있을 것이다.

뜨거운 기대가 있었다 해도, EU라는 현실의 유럽뿐만 아니라 이념으로 존재한다고 여겨진 문화적·정신적인 공간으로서의 유럽에 있어서도, 구 동유럽 국가 사람들이 프랑스 등 서유럽 중심의 국민이 누리는 지위를 획득할 수 있는 가망은 거의 없을 것이다. 경우에 따라서는 예전 중유럽의 부활과 함께 다시 정치적, 경제적으로, 혹은 문화적으로도 종속적인 지위에 놓일 가능성조차 있다고 말할 수 있다. 이러한 점은 동유럽 국가 사람들도 잘 인식하고 있었다. 그럼에도 불구하고 유럽이라는 말은 매력적으로 비친다. 이 점에서 유럽사를 쓰지 않는다는 종래의 약속이 파기된 원인 중 하나를 찾을 수 있다.

물론 이때에 유럽사에 매달리기 시작한 것에 대해서 모든 책임을 동유럽 국가 사람들에게 떠넘길 수는 없다. 최초로 〔동유럽이 없는〕 유럽사를 쓰려고 생각하고 또 실제로 쓴 사람은 서유럽의 역사가였다. 그러나 그것에 대해서 비판을 전개하기 쉬운 입장에 있던 구 동유럽 사람들이 적대적인 반대의견을 표명하지 않은 것은 중요하다. 그러한 자세의 배후에 있는 철의 장막을 초월한 유럽 사람들의 공통 인식, 즉 구 동유럽 사람들의 새로운 수용태세로 인해 유럽은 더욱더 그 중요성을 높이고 있다고 미루어 생각할 수 있다. 한편으로 수용태세가 정비되어감에 따라 동유럽의 붕괴에 대한 제동이 더욱 걸리지 않게 된 측면 또한 생각할 수 있다. 1980년대 말 이래 서유럽에서 통합의 가속화와 동유럽 블록의 붕괴라는 두 개의 변화가 때를 같이해서 진행된 것은 어쩌면 우연에 의한 바가 컸는지도 모른다. 그러나 결과적으로 양자는 서로를 자극하면서 사태의 진전에 박차를 가했다. 이러한 가운데 일부에서 '유로포리아(Europhoria, 유럽 낙관주의 혹은 유럽열)'로 이야기되는 사회 상황이 출현하게 된다. 이 유럽통합이 유일한 길, 일종의 만병통치약처럼 받아들여지는 상황 아래서 유럽사 작성에 관한 1950년대 이래의 냉정한 태도가 가지고 있던 의미는 잊혀지고 말았다.

들루슈의 유럽

　도나우에쉥엔 세미나에서 갈채를 받았던 『유럽의 역사』는 바로 유로포리아의 산물이었는데도 일본에도 번역되는 등 유럽을 넘어 세계적인 관심을 불러일으켰다. EU의 발전이라는 정치적·경제적인 배경에 대한 관심이 큰 이유가 된 것은 분명하지만, 다른 한편으로 유럽통합이 갖는 국경을 초월한다는 목표가 비非유럽세계에 사는 우리들에게도 분명히 호소력을 갖고 있었기 때문이라 보아야 할 것이다.

　『유럽의 역사』 프로젝트를 제창하고 실현시킨 프레데릭 들루슈(Frédéric Delouche)는 프랑스인 아버지와 노르웨이인 어머니 사이에서 태어나 영국과 프랑스에서 교육을 받았다고 한다. 그는 그 프로젝트를 떠올리게 된 이유 중 하나에 대해 책의 서문에 다음과 같이 썼다.

　　나는 완전히 한 나라에 속해 있지 않았기 때문에, 이따금 영국이나 프랑스의 여러 동료 학자들 사이에서 수상쩍은 존재가 되곤 했습니다. '백년전쟁', '스페인 왕위계승전쟁' 혹은 '나폴레옹 전쟁'에 대해서 어느 쪽에 서면 좋겠습니까? 이러한 소박한 민족주의는 바야흐로 점차 사라지고 있습니다. 그러나 반反 민주주의적 목적에 자주 이용되어온 민족주의의 격발이나 혹은 국가 주권이 침해받는다고 생각하는 것만으로 단숨에 대두하는 외국지배의 공포와 대항하기 위해서는 좀 더 생각을 진전시키지 않으면 안 됩니다. 유럽의 미래를 모색하면서도 한마디로는 설명하기 어려운 무엇인가가 국민들의 접근을 방해하는 것처럼 생각됩니다. 그것은 요컨대 정도의 차이는 있지만 경제적 이해, 언어 관습, 문화적 전통이며, 대부분은 비합리적인 편견인 것입니다. 이들 편견은 강한 생명력을 가지고 가족 사이에서 부모로부터 자식에게로 전해질 뿐 아니라, 그 이상으로 학교에서 가르치는 역사의 몇몇 측면을 통해서 확대됩니다.

이런 인식은 1950년대 이래 유럽에서 있었던 국제 역사교과서 대화의 문제의식과 일치한다. 또는 더 일반적으로 역사교육을 민족주의로부터 해방하려고 하는 국제 역사교과서 대화 전반의 정신 그 자체라고 할 수 있을지도 모른다.

그러나 여기까지라면 그가 『유럽의 역사』를 만들 필연성은 없었던 것이다. 민족주의적으로 왜곡된 형태로 발전해온 기존 역사 기술의 비판에 집중하는 것도 충분히 가능했을 것이다. 여기서 멈춰 서지 않고 한 걸음 더 내디딤으로써 들루슈는 쉽게 열리지 않을 세계로 가는 입구를 설명하게 되었다. 그는 서문에서 다음과 같이 썼다.

교육이 종종 젊은이의 머릿속에 민족의식을 심어주고 그것을 고양시키는 데에 결정적인 역할을 해온 이상, 유럽이 함께 성장해가는 오늘날 역사는 마찬가지로 교육상의 역할을 다할 수 있을 것이다.

조금 냉정하게 판단한다면, 논리적으로 이러한 사고는 성립되지 않는다는 것을 이해할 수 있을 것이다. 근대 국민국가의 학교가 역사교육을 통해 민족의식을 함양하고 국민국가의 이익을 위해서 자기를 희생하는 정신을 키워온 것을 문제 삼는다면, 역사교육으로 하여금 이번에는 유럽에 대해서 이미 국민국가에 행했던 것과 같은 공헌을 하도록 요구하는 것은 모순이다. 위 문장은 교과서 대화의 본래 정신에 따른다면 다음과 같이 바뀌어야 하지 않았을까? "교육이 민족의식을 심어주고 그것을 고양시키는 데에 결정적인 역할을 해온 것이 명백한 이상, 유럽이 성장해가는 오늘날 역사교육은 같은 길을 더듬어가지 않도록 주의해야 한다"라고.

들루슈에게는 민족주의의 초월과 유럽통합에 대한 촉구 혹은 그 일체성의 강조가 반드시 같은 건 아니라는 점이 명확하지 않았을지도 모른다. 그는 유럽통합 사상이 일찍부터 존재했다는 유럽 세계가 민족주의에 의해 파괴되었던 역사적 과정에 대해서 비판적인 자세를 보이고 있다. 그러나 그것이 필연적으로 민족주의라는 정치사상을 초월하려는 것이었다고 말할 수는 없다. 무수한 영방領邦국가에서 독일이 형성되어가는 과정이 바로 독일 민족주의가 발현하는 역사였던 것을 생각하면, 복수의 국가가 보다 규모가 큰 하나로 통합되는 것이 그대로 민족주의의 극복과정이라고는 말할 수 없다. 현실의 유럽통합에 대해서 말하자면, 그것을 어떠한 형태로 추진해갈지, 즉 종래의 국가원리를 초월하는 형태를 목표로 할지, 아니면 종래의 국가원리에 입각하여 더 대규모적인 국가를 목표로 할 것인지를 문제삼고 있다.

유럽사를 쓰지 않겠다고 한 약속은 후자의 논리에 빠지지 않고 전자의 가능성을 모색하려는 자세의 표명이었지만, 들루슈는 너무나도 결론을 서둘렀던 것이다.

『유럽의 역사』 집필 경위

들루슈는 애당초 유럽사 교과서는 유럽 각국 역사가의 공동 집필에 의해 만들지 않으면 안 된다고 생각하고 있었기 때문에, 독일의 에르트만 등 유럽에서 국제 역사교과서 대화를 맡아왔던 사람들에게 도움을 받는 형식으로 프랑스·독일 외에 영국·아일랜드·덴마크·네덜란드·벨기에·이탈리아·스페인·포르투갈 등 10개국에서 각각 1명씩, 유명한 역사학자보다 고등학교 역사교사나 대학에서 역사교육학을 담당하고 있는 50대 전후 역사가들에게 협력을 요청하여 공동으로 작업을 진행시켰다.

이 10명과 들루슈가 처음으로 편집회의를 가진 것은 1988년 10월의 일이다. EC위원회의 지원을 받아서 유럽 대학교가 있는 피렌체의 빌라 스키파노이아(Villa Schifanoia)에서 제1회 편집회의가 열렸다.

이 회의의 목적은 각국 역사교육의 상황에 대해서 정보를 교환하고 지향하는 교과서의 성격을 결정하는 것이었다. 여기에 모인 10명의 역사가는 각자 자기 나라에서 행해지고 있는 역사교육에 대해서 역사수업은 몇 학년부터 몇 학년까지 몇 년에 걸쳐서 1주에 어느 정도의 시간이 배당되는지, 시간적·공간적으로 어느 정도의 범위를 가르치는지, 교재 선택은 누가 하는지, 인접한 다른 교과와의 관계는 어떻게 되는지 등을 보고했다. 정보를 교환한 결과, 들루슈가 1984년 최초로 이 기획을 구상한 이래 쭉 생각하고 있던 '유럽인에 의한, 모든 유럽인을 위한 공통의 유럽사 교과서'라는 목표는 비현실적이라는 결론에 이르게 되었다. 각국 역사교육의 상황이 너무나 다르기 때문에 공통의 교과서를 상정하는 것은 불가능하다고 판단한 것이다. 구체적으로는, 예를 들어 독일에서 교과서로 인정받기 위해서는 각 주의 교육과정에 합치되어야 하는데, 당시 서독 10주의 모든 기준을 합치하는 것만도 거의 불가능하다시피 했다. 게다가 다른 유럽 국가의 학교에서도 사용할 수 있도록 배려하자면, 그런 교과서의 가능성은 거의 제로에 가까워지게 된다.

이러한 현실은 그때까지 유럽평의회 아래에서 거듭해왔던 여러 심포지엄이나 세미나의 경험에 눈을 돌리면 분명해지는데, 들루슈는 그것을 알지 못했다. 요컨대 『유럽의 역사』는 전후 유럽의 국제 역사교과서 대화 속에서 형성된 네트워크상에서 실현된 것은 틀림없지만 그 축적된 성과를 다 소화할 수 있는 것은 아니다. 『유럽의 역사』의 완성에는 역시 들루슈 개인의 개성과 당시 사회상황이 크게 작용했다고 생각해야 할 것이다.

결국 교과서를 단념한 그들은 대신 15~16세의 학생을 주 대상으로 하는 부교재를 염두에 두면서 교양서로도 읽을 수 있는 일반서를 지향하여 집필, 편집해 나간다는 데 합의했다.

이 편집회의에서는 그 외에 두 가지 중요한 합의가 이루어졌다. 첫째는 집필에 앞서 유럽의 지리적인 범위를 설정하지 않는다는 방침이다. 유럽을 지리적으로 볼 때, 북쪽에 대해서는 범위를 확정하는 것이 용이하고 서쪽과 남쪽에 대해서는 논의할 여지가 있지만 일단 합의를 보는 것이 그리 어렵지 않다. 그렇지만 동쪽의 경계선에 대해서는 즉각 문명론을 일으키게 되고, 게다가 정치문제로 발전할 가능성까지 있었다.

유럽문명의 원류 가운데 하나인 '고대의 고전古典'이 번영했던 그리스는 유럽인가 아닌가, 그리스가 포함된다고 한다면 그 고대 그리스문명이 번영한 곳이자 오늘날 NATO(북대서양조약기구)의 일원이기도 한 터키는 어떤가? 게다가 종교적으로 그리스도교와 밀접한 관계가 있는 유대교를 가지고 유럽 각지에서 생활해왔던 유대인이 귀환한 이스라엘은? 그리고 정교正教라고 하지만 그리스도교 세계의 일원인 러시아는 '유럽 공통의 가족'에 넣어야 할까?

유럽사를 묘사하는 경우에도 이런 문제는 반드시 따르게 된다. 그리스를 포함하고 터키를 제외한다면 큰 문제가 된다. 그러나 터키의 역사는 이 책이 상정하는 독자에게 반드시 유럽의 역사로 받아들여지지는 않을 것이다. 이것은 러시아에 대해서도 마찬가지다. 특정 지역이 유럽인가 아닌가는 무엇을 유럽의 지표로 삼는가에 따라 달라지지만 그것을 결정하기는 대단히 어렵다. 유럽의 특징으로 제일 먼저 떠오르는 문화적 요소로서의 그리스도교에 대해 보면, 그리스도교 신자는 아메리카나 아프리카와 같은 유럽 이외의 지역에도 많이 살고 있으며, 또 유럽에는 유대계 주민으로 대표되는 그리스도교 신자가 아닌 집단이 예전부터 존재한다.

이런 현실적인 어려움 때문에 들루슈 등은 위에 쓴 바와 같이 유럽의 범위를 미리 정하지 않기로 한 것이다. 그들에 따르면, 구체적으로 유럽사의 기술을 진행해가는 과정에서 자연히 그들에게 유럽상이 명확해진다면 그것으로 좋은 것이었다.

두 번째 결정사항은 책을 어떻게 구성하고, 담당 부분을 어떻게 분담할 것인가 하는 문제였다. 도나우에슁엔 세미나의 보고서에 따르면, 10명의 역사가는 각 시대에 따라 구분된 10장에 대해 다음 표와 같이 우선 단독으로 초고를 집필하게 되어 있었다.

또한 이 같은 분담과 상관없이 역사가 10명 전원이 책 전체에 대해 함께 책임질 것을 약속했다. '유럽성性'을 이 책의 최대 특징으로 하고 싶었던 들루슈의 의도가, 각 집필자가 자신의 담당 부분만을 책임지는 단순한 공

장	제목	시기	집필자
1장	동굴 생활부터 파르테논	전사前史시대 ~B.C.4세기	요한 벤데르 (Johan Bender, 덴마크)
2장	로마에서 샤를마뉴	B.C.6~10세기	쟈끄 알드베르 (Jacues Aldebert, 프랑스)
3장	중세 그리스도교 세계	10~13세기	스키피오네 구아라치노 (Scipione Guarraccino, 이탈리아)
4장	유럽의 위기와 재생 (르네상스)	14~15세기	벤 W. M. 스뮐더르스 (Ben W. M. Smulders, 네덜란드)
5장	종교개혁과 절대주의	16~17세기	환 안또니오 산체스 이 가르시아 사우꼬 (Juan Antonio Sánchez y García Saúco, 스페인)
6장	유럽이 세계를 발견하다	15~18세기	안또니우 시몽이스 호드리게스 (António Simões Rodrigues, 포르투갈)
7장	계몽과 자유의 사상	18세기~1815	케네스 밀른 (Kenneth Milne, 아일랜드)
8장	근대 유럽의 형성	19세기	로버트 언윈 (Robert Unwin, 영국)
9장	자기 파괴를 향해서	20세기 전반	디터 티만 (Dieter Tiemann, 독일)
10장	세계적 모험의 파트너	1945년 이후	이냐스 마쏭 (Ignace Masson, 벨기에)

『유럽의 역사』 장별 초고 집필자

저 형식을 받아들이지 않았던 것이다. 또한 위에 쓴 각 장의 초고 집필자 이름은 완성된 『유럽의 역사』에는 장별로 구별되지 않는다.

전체의 일체성一體性을 담으려는 자세는 책의 구성에도 영향을 미쳤다. 각 장은 같은 분량으로 하기로 미리 정하고, 그 가운데 45%를 텍스트에, 50%를 도표나 일러스트레이션에, 나머지 5%를 학습을 위한 제안에 할당했다. 또 『유럽의 역사』는 유럽의 주요 언어들로 간행되는데, 그때 텍스트와 설명문이 각 언어로 번역되는 것 외에는 쪽수 배분에서 레이아웃에 이르기까지 동일하게 하기로 약속했다.

10명의 역사가는 피렌체에서 돌아오자 곧 원고 집필에 착수했다. 그래서 다음 해 1989년 5월까지는 전원의 원고가 완성되었다고 한다. 10개의 원고는 곧 영어와 프랑스어로 번역되어 전원에게 송부되었다.

각 집필자는 모든 원고를 가지고 그해 11월에 벨기에의 브뤼허(Bruges

/ Brugge)에서 열린 제2회 편집회의에 임했다. 여기서는 각 원고에 대해 격렬한 의견이 오갔다고 한다. 「계몽과 자유의 사상(18세기~1815년)」을 담당했던 아일랜드의 밀른은 그 회의를 회고하며 "처음 원고를 꺼내어 다른 집필자의 비평이 시작되었을 때는 독수리에게 둘러싸인 기분이었다"라고 말했다.

의견의 대립점은 여러 갈래에 이른다. 일본의 일부 대중매체에도 보도되었듯이, 나폴레옹에 대한 평가나 스페인 무적함대의 패인에 대한 이해와 같이 민족적인 관점에 근거한 견해 차이도 분명 존재했다. 그러나 이 같은 이른바 '전통적인' 논점은 실은 그다지 큰 의미를 갖지 않는다. 만약 대립하는 견해가 다 옳은 것이라면 '양론병기兩論倂記' 즉 A라는 견해가 있다면 B라는 견해도 있다는 복안적인 시점을 도입함으로써 오히려 역사 기술을 풍부하게 할 수 있었다.

브뤼허 회의에서 문제가 된 것은 오히려 각 집필자 간의 역사 기술 양식의 차이였다. 어떤 집필자는 전통적인 정치외교사 중심의 서술양식을 도입한 데 비해 사회경제사를 중시한 집필자도 있었다. 또 문화·예술적인 사항의 자리매김도 집필자들에 따라 큰 차이가 있었다.

이 같은 양식의 차이는 독자가 유럽사의 전체상을 형성하는 데 방해되고, 책의 일체성이라는 관점에서도 바람직하지 않기 때문에, 전체적으로 조정을 꾀했다. 구체적으로는 각 장에서 다루는 역사적 시대의 정치적 측면·경제적 측면·사회적 측면·문화적 측면·종교적 측면 각각에 대해 보다 균등하게 배려하여 고쳐 쓰도록 합의되었다.

10명의 역사가는 브뤼허에서의 토의에 근거해 수정작업을 하고 다음 해인 1990년 5월 프랑스 슈농소(Chenonceaux)의 샤또 그뺑(Château Guepin)에서 제3회 편집회의를 가졌다. 이 회의에서는 제2회 회의에서 정한 틀에 대한 두 가지의 큰 수정이 있었다.

첫째는 피렌체에서 정한 10장 가운데 제2장 「로마에서 샤를마뉴(기원전 6~10세기)」가 너무 긴 시간을 다루기 때문에 그것을 「세계제국 로마(기원전 6~5세기)」와 「동로마제국과 서유럽(5~11세기)」의 두 장으로 나누고, 이전의 3장을 4장으로 하여 취급 범위를 11세기부터 — 1세기 만 — 뒤로 조정하는 조치가 취해졌다. 원래 제2장의 집필자였던 알드베르는 전반부를 담당하게 되었고, 새로 만든 3장 — 거기에서는 동로마 제국이 크게 다루어지게 된다 — 은 그리스의 역사가 풀라 피스피링구(Foula Pispiringou)에게 집필을 의뢰했다. 이에 따라 당시 EC가맹 12개국 가운데 룩셈부르크를 제외한 모든 나라에서 집필진이 참가하게 되었다.

두 번째 결정은 이 책에 '유럽이란 무엇인가?'를 논한 서장을 새로 더하는 것이었다. 당시는 베를린의 장벽 철폐(1989년 11월)가 상징하듯이, 철의 장막에 의해 분단되어 있던 유럽이 제 모습을 나타낸 때이기도 해서 다시 유럽이란 무엇일까라는 물음에 관심이 모이고 있었다. 또 집필자 가운데 구동독 출신이 한 사람도 없다는 점을 고려해서, 이전에는 체코의 반체제파의 역사가였다가 벨벳 혁명 후에는 하벨 정부의 주재대사가 된 이르지 그루샤에게 10쪽 정도의 서장 집필을 의뢰했다.

이후 10명의 집필자는 10월까지 최종 원고를 완성하여 이 프로젝트를 지지한 프랑스의 아셰트 출판사에 보냈고, 11월에 파리에서 열린 최종 회의장에서 레이아웃을 포함한 전체 모습이 확정되었다. 이 책은 다음 해 1991년 10월에 프랑크푸르트 도서전에서 처음으로 공개되었고 11월에는 앞서 말한 도나우에싱엔의 유럽평의회 세미나에도 소개되었다. 그리고 1992년 3

월에 처음으로 프랑스어판이 출판되고 가을에는 독일어판도 나왔다. 그 밖에 현재까지 각국의 출판사에 의해 영어판, 네덜란드어판, 이탈리아어판, 포르투갈어판, 벨기에의 발롱어판과 플라망어판,[55] 덴마크어판, 핀란드어판, 노르웨이어판, 폴란드어판, 체코어판, 슬로바키아어판, 불가리아어판, 루마니아어판, 러시아어판 외 일본어판과 한국어판도 출판되었다.

유럽에서의 반향

이렇게 완성된 『유럽의 역사』는 앞에서 소개한 도나우에슁엔 세미나에서 갈채를 받았고, 기본적으로 유럽 사회 전체에 호의적으로 받아들여졌다. 특히 독일에서는 독일어판이 출판되기 전부터 유력 신문이 특집 기사를 편성하고, 여당인 기독교민주연합으로부터도 높이 평가받았다. 전후 초기부터 서독의 주요 정당이 보수·진보를 불문하고 국제 역사교과서 대화에 대해 기본적으로 찬성 입장을 표명해왔던 것을 생각하면 이 같은 대응이 이상하지는 않다. 또 제4장에서 말한 바와 같이, 1990년에는 상설교육장관회의의 권고가 유럽의 관점에서 역사교육을 다시 볼 것을 요구하는 등, 이 시기의 독일 교육계에서는 이와 같은 책을 환영하는 분위기가 강했다고 할 수 있다. 당시의 교육 잡지에는 "통합 유럽은 경제논리에 의해 달성되는 것이 아니며, 문화, 특히 교육이 맡아야 할 역할이 중요하다"라는 주장이 많이 보인다.

55__ 발롱은 프랑스어 방언이고, 플라망은 네덜란드어 방언이다.

프랑스나 이탈리아에서도 상황은 비슷했다고 추측된다. 물론 모든 역사가와 역사교사가 그것을 환영했다고 할 수는 없다. 이것은 독일에서도 마찬가지다. 그러나 이들 국가에서는 『유럽의 역사』를 수업에서 사용하는 예도 보고되어, 적어도 교재 선택지選擇肢의 하나로 인식되었다고 볼 수 있다.

그러나 확실히 다른 대응을 보인 나라가 있다. 가장 대표적인 것이 영국이다. "항상 유럽과 함께 있지만 유럽의 일부는 아니다"(윈스턴 처칠)라고 말하는 영국은 유럽석탄철강공동체가 시도되기 시작했을 때 유럽통합에 참가하기를 거부하고, 1973년에 공동체에 가맹한 후에도 번번이 통합이 심화되지 못하도록 제동을 걸어왔다. 이런 기본 자세는 교육면에서도 나타나 있어, 교육 ─ 정확히는 잉글랜드와 웨일즈의 교육 ─ 은 유럽에 관해서 독일과는 전혀 다른 방향을 보이곤 했다.

바꿔 말하면, 서독의 역사교과서가 전후 일찍부터 유럽통합의 시도를 높이 평가하면서 독일과 프랑스의 화해를 핵으로 평화의 기초를 만드는 것이라고 본 데에 비해, 영국의 역사교과서는 전후 유럽사를 극히 간단히 다루고 있으며, 유럽통합에 대해서도 냉전하에서 서유럽 국가들이 연맹을 형성하려 시도한 것으로 보았다. 가맹 이후에는 공동체의 경제적인 중요성에 눈을 돌리게 되었지만, 오히려 공동체의 여러 가지 비효율성을 비판하는 자세가 겉으로 드러나기도 했다. 리즈대학의 보딩턴(Anthony J. Bodington)은 이런 상황의 배경에는 애초 영국 교사가 현대 유럽사에 관심이 없다는 현실이 있다고 지적하는데, 이는 교사만의 문제는 아닐 것이다.

당시 총리였던 대처는 교육의 중앙집권화를 진척시키는 민족적인 교과과정을 도입할 때 "아이들은 영국사의 위대한 표지물(land mark)을 알아야한다", "민족적인 교과과정은 잉글랜드의 왕과 여왕의 이름을 집중적으로 거론해야 한다"와 같은 주장을 전개해, 애국심을 가르치는 교육의 중요성을 소리 높여 호소했지만, 이에 대한 비판은 "웨일즈나 스코틀랜드, 혹은 (북)아일랜드의 존재가 경시되고 있다" 혹은 "카리브계나 아프리카계 영국인의 역사가 무시되고 있다"라는 등의 국내적인 관점에 근거한 것뿐이었다. 이런 관점이 역사교육에서 중요한 의미를 가지는 것은 당연하지만, 당시 공동체 차원에서 겨우 보통교육에서 유럽에 대한 대응이 요구된 것을 생각하면, 이 같은 영국의 상황으로부터 — 반대파의 의논도 포함해서 — 유럽에 대한 심리적 거리를 확인하지 않을 수 없다.

이러한 가운데 들루슈의 기획에 대한 정보가 영국에 전해지자 그것은 곧 대처의 반反유럽통합 캠페인에 휩쓸렸다. 그녀는 『유럽의 역사』에 대한 혐오감을 노골적으로 표명했고, 프랑스어판이 간행되자 그것은 텔레비전의 토크쇼에서도 거론되며 집중포화를 맞았다. 특히 대처의 역사 고문이었던 옥스퍼드대학의 노먼 스톤(Norman Stone)[56]은 그 기획을 "썩은 냄새가 난다", "역사가의 자살 행위"라는 표현으로 혹평했다.

이런 공격을 받은 결과, 그 책의 영어판은 언제라도 간행될 수 있었음에도 불구하고 출판사가 나타나지 않았기 때문에 다음 해까지 간행되지 못했다. 결국 영어판도 출판은 되었지만, 제목은 '유럽의 역사' 앞에 '삽화가 있는(*Illustrated History of Europe*)'이 더해져 유럽사라는 의미가 희석되었다. 또 장정裝幀에 있어서도 다른 언어판은 원칙적으로 모두 똑같이 된 데에 비해 영어판만은 완전히 다른 디자인으로 되어, 언뜻 보면 프랑스어나 독일어의

56__ 1941년생으로 우파 역사가이다. 중유럽 및 동유럽 근현대사 전공자로, 1997년부터 현재까지 터키의 앙카라에 있는 빌켄트대학교에 재직하고 있다.

『유럽의 역사』와 같은 책이라고 생각할 수 없도록 되었다.

게다가 이 같은 궁리를 짜서 겨우 출판된 영어판은 이전의 심한 비난과는 달리 영국의 신문이나 잡지 서평으로부터 거의 완전히 무시당했다. 영국에서도 근래 이른바 유럽사 교재가 조금씩 간행되고 있지만 외국의 역사가에 의해 쓰여진 교재는 역시 받아들여지기 힘들었던 것 같다.

유럽중심주의

대처파 사람들이 반발한 것은 어떤 의미에서 당연하다. 그러나 그것이 『유럽의 역사』에 내재하는 문제를 밝힌 것은 아니다. 들루슈는 대처가 지키고 싶은 것을 비판했기 때문에 양자兩者는 처음부터 양립할 수 없었다.

그러나 이것이 『유럽의 역사』가 칭찬할 만하다는 결론을 뒷받침하는 것은 아니다. 대처와 그 밖의 비판이 어느 정도 시대에 뒤떨어진 것이긴 했지만, 『유럽의 역사』에는 대처가 완전 부정했기 때문에 오히려 간과되어버린 많은 문제가 숨어 있다. 이 점에 대해서는 그 책을 일단 '획기적인 시도'로 받아들이는 분위기였던 독일이나 그 밖의 나라에서 오히려 엄격하게 지적되었다.

『유럽의 역사』에 대한 독일 등에서의 비판은 상세한 점까지 포함하면 여러 갈래로 나뉘지만, 크게 나누면 다음 4가지로 정리할 수 있다.

첫째는, 식민주의로 대표되는 '유럽 세계와 비유럽 세계의 관계'에 대한 시점이 약하다는 것이다.

최종적으로 간행된 『유럽의 역사』 제6장 「세계와의 만남」은 대항해시대와 이어지는 식민지의 확대, 그리고 경제의 지구화 과정을 논하고 있는데, 그러한 가운데 '노예 제도 및 노예 매매라는 불행한 현실'이 일어났다고 언급되어 있다. 또 '발견'이 아니라 '만남'이라는 단어가 쓰여진 점에서도, 식민지 확대를 그대로 세계의 문명화 과정으로 간주하는 단순한 유럽 중심주의에 대해 주의를 기울이고 있음이 분명하다.

그러나 그럼에도 불구하고 전체적인 논조에는 "인종들 사이의 세계적인 만남은, 노예제 또는 인신매매라고 하는 타락적인 현실과는 대조적으로 인도주의적인 이상들을 정립하게 되었고, 또한 다문화적인 사고와 연관된 새로운 전 지구적 역동성을 낳게 될 것이었다"라는 요약에서 보여지듯이 식민주의에 대한 긍정적인 평가가 전면에 나타나 있다는 것도 부정할 수 없다. 혹은 '만남'이라고 하는 단어에도 사실을 미화하는 면이 없는지 살펴보아야 한다. 이 같이 집필자의 역사관에 기인하는 문제가 발견되는 기술은 여러 곳에서 볼 수 있는데, 예를 들어 1950년대부터 1960년대 초의 알제리 독립전쟁을 이야기할 때 철수선 사진 아래 쓰여진 다음과 같은 설명은 너무나 유럽 중심적이라고 하지 않을 수 없다.

알제리에 거주하는 유럽인은 1962년 3월 18일 에비앙협정[57] 및 7월 3일 알제리 공화국 승인을 편안한 기분으로 받아들일 수 없었다. 유혈사태를 두려워하여 80만 명 이상의 유럽계 주민이 알제리에서 철수하여 마르세유에 도착했다. 귀환 작업 때문에 프랑스-알제리 간에 특별 연락선이 취항했다. 이 '빌 드 마르세유'호는 3세 이하의 아이들 105명을 포함해 1,541명의 귀국자를 실어 날랐다. 여행용 가방 속에 든 것이 그들의 전 재산이었다.

57__ 알제리 독립전쟁을 종결한 정전협정을 말한다. (원주)

당시 알제리에는 많은 프랑스인이 살고 있었으며, 그들이 '유혈사태를 두려워하여 알제리에서 철수한' 것은 분명하지만, 그 전에 프랑스의 알제리 지배 실태에 대해서, 또 1950년대에 프랑스로부터 투입된 군대에 의해 저항운동 측에 대단히 많은 희생자가 나온 것에 대해서 기술하지 않으면 도대체 왜 이런 사태가 발생했는지 이해할 수 없을 것이다. 알제리 독립전쟁은 '식민지의 상실'이라는 항목 가운데 언급되는데, 거기에는 "프랑스는 그 식민지제국을 강대국으로서의 이미지를 유지하기 위한 수단으로 간주하여 …… 식민지에 대해 동화책同化策이나 느슨한 연합책聯合策 어느 쪽으로 대처할 것인가 명확한 태도를 취하지 않았다"라고 되어 있다. 장기간에 걸친 무력분쟁 속에서 꼼짝할 수 없었다는 경위를 설명하고는 있지만 프랑스의 실책에 원인을 두는 자세는 오늘날의 세계에서 설득력이 있는 논의로 인정되지 않는다.

이런 비판은, 예를 들어 1960년에 프랑스로부터 독립해 1984년에 국명을 바꾼 아프리카 서부의 나라 부르키나 파소를 1992년 독일어판이 오버볼타(Obervolta, 프랑스어의 옛 이름 오뜨–볼따[Haute-Volta]에 대응)로 잘못 표기해버린 점에도 해당될 것이다. EC가 좁은 의미에서 유럽 세계에 그치지 않고 세계적인 넓이를 가진다는 의의를 전달하려고 이른바 ACP제국諸國[58] 즉 아프리카·카리브해·태평양 지역 국가들과의 관계를 소개한 것이지만, 유럽 통합에 적극적인 사람들 사이에서 역시 비유럽 세계에 대한 관심은 높지 않다는 것이 도리어 명확해졌다.

물론 세계의 모든 사항을 정확히 기술하는 것은 불가능하다. 그러나 알

58__   African, Caribbean, and Pacific.

제리 독립전쟁의 기술이 보여주는 예는 분명히 유럽사를 그리려는 의도의 결과라고 해야만 할 것이다. 유럽사라는 문제의식은 결국 비유럽 세계를 기껏해야 유럽에서의 객체 또는 배경으로 만들어버린다. 초점은 항상 유럽에 맞추어지고, 그 결과 주위는 잊혀지거나 혹은 필요 불가결한 경우에만 다소의 빛이 비치지만 기술 정도는 매우 낮다. 여기에서 유럽사의 불가피한 숙명의 하나를 볼 수 있는 것이다.

유럽 내부의 중심과 주변

첫 번째 문제가 유럽과 외부와의 관계에서 생겼다고 한다면, 두 번째 문제는 유럽 내부에서 발생한다. 즉, 이 책은 유럽성을 강조하고 있지만 실제는 당시의 EC 12개국을 중심으로 하는 서유럽의 역사에 무게를 두고 있다. 확실히 그리스 역사가가 집필진에 합류하고 나서부터 이전의 독일에서 경시되기 일쑤였던 동로마 제국의 역사가 상세히 기술된 면은 있지만, 전체 구성이 서유럽에 기울어져 있다는 것은 부정할 수 없다.

이 점에 대해서 가장 혹독한 비판을 전개한 사람이 함부르크대학의 보도 폰 보리스(Bodo von Borries)일 것이다. 그에 따르면,『유럽의 역사』와 같은 기획이 프랑스를 중심으로 독일과 베네룩스국가에서 생겨난 것은 당연하다고 한다. 왜냐하면 이들 국가는 과거에 카롤링 제국의 영토였던 지역에 위치하고 있어 몇 번이나 전쟁을 하긴 했지만 문화적, 정치적으로 서로 관계를 맺고 있으며, 생각에 따라서는 전쟁을 통해 관계를 맺어왔다고도 말할 수 있기 때문이다.

그는, 지금 지향하는 것은 진정한 의미의 유럽사가 아니라 이른바 카롤링 유럽사이며 그것은 기본적으로 프랑스의 역사라고 말한다. 실제 프랑스는 로마시대부터 현대까지 유럽사의 중심에 위치한다. 정치, 경제, 문화, 예술, 종교 어느 면에서나 그렇다. 이 프랑스를 중심으로 한 카롤링 유럽사는 프랑스인은 물론 독일과 베네룩스국가의 사람들에게 '자신들의 역사'로서 인식될 수 있다고 한다. 이 지역 사람들은 종래 자기 나라의 국가적인 역사와의 명확한 연속성을 이 새로운 역사에서 발견할 수 있는 것이다.

그러나 산맥과 해협을 사이에 둔 '건너편의 사람들'에게는 그렇지 않다. 예를 들면, 그리스에 대해서는 기원전 지중해 세계의 원류로 설명한 것 외에는 19세기 전반의 오스만 투르크에 대한 독립전쟁을 쓴 정도이다.

『유럽의 역사』가 너무 서유럽에 치우쳐 있음은 도나우에슁엔 세미나에서도 지적되었다. 또 폴란드사 연구의 입장에서 그 책을 분석한 야스이 히로노리安井敎浩의 조사에 의하면, 1994년에 번역·출판된 폴란드에서도 독일-폴란드 대화의 폴란드 측 대표를 맡은 적이 있는 야누시 타지비우(Janusz Tadziwiłł)은 서평에서 중유럽·동유럽에 대한 배려가 부족함을 지적했다. 게다가 폴란드어판에는 번역 원본이었던 프랑스어판에 없는 사실이 많이 가필되고 수정되었음이 밝혀졌다.

예를 들어 그 의도가 명확한 예를 보자면, 유럽의 문화인으로 프랑스어판에서는 그저 '쇼팽'으로 쓰여 있던 것이 폴란드어판에서는 '폴란드의 피아니스트·작곡가 쇼팽'으로 기록되고, 또 독일-폴란드 대화에서도 문제가 되었던 코페르니쿠스는 프랑스어판에 '폴란드에서 태어난 코페르니쿠스'로 표기되어 있는 것에 비해 폴란드어판에는 '폴란드(인) 학자 코페르니쿠스'로 수정되어 있는 것을 들 수 있다.(또한 독일어판에서는 어디에서 태어났는지에 대한 기술이 삭제되었다.) 게다가 타지비우는 폴란드어판에서 이 같이 무단으로 수정을 가한 것이 프랑스어판의 "불쾌하게 균형을 깨뜨린" 서술을 개선하는 것이었다고 평가하고 있다고 한다. 그 밖에 폴란드 분할을 다룬 부분에서는 프랑스판에 있는 본래의 도판이 빠지고, 전혀 다른 영국의 폴란드사 연구자가 쓴 폴란드 분할에 관한 기술이 자료로 게재되어 있다. 또 『유럽의 역사』가 지나치게 간결하게 기술된 데 비해 이 새로 게재된 자료는 상대적으로 자세하게 분할 당시의 폴란드 사회를 묘사하며, 특히 폴란드 역사상 중요한 의미를 가지는 5월 3일 헌법(1791)을 강조했다.

이런 것들은 이른바 폴란드 애국주의에 기인하는 것임에 틀림없다. 그러나 여기에서 『유럽의 역사』가 지닌 역사 이해의 한계가 나타나는 것도 사실이다. 즉, 주변부에 잔존하는 이런 극복되지 않는 민족주의를 회피하지 않고는 유럽사에 착수할 수 없을 것이라고도 생각되는 것이다. 사실상 주변부를 배제한 결과로서, 당연히 그것은 주변부의 내셔널리즘으로부터 비판을 받게 된다. 이 책에서는 이 악순환을 끊을 가능성이 보이지 않는다.

번역의 한계

세 번째 문제점은 이제까지 말해왔던 것과 관련이 있다.

코페르니쿠스의 기술에 대해 살펴보았듯이, 프랑스어판과 독일어판, 그리고 폴란드어판 사이에는 중대한 기술의 차이가 있다. 피렌체의 회의에서는 각 언어별 판본에서 동일한 내용을 유지하기로 약속했고, 그것이 이 책의 큰 특징이지만, 코페르니쿠스의 예와 폴란드 분할 기술의 예를 보면 이 약속이 반드시 엄격하게 지켜지지는 않았음을 알 수 있다.

명백한 오역은 제쳐두고, 각 언어의 번역판에 차이가 발생하는 데는 크게 나누어 두 가지의 원인을 생각할 수 있다.

하나는 위의 예에서 알 수 있듯이, 번역의 과정에서 아무래도 민족주의적인 감각이 얼굴을 내밀어버리는 것이다. 이는 반드시 폴란드어판의 예에서만 그런 것이 아니다. 같은 예가 프랑스어판과 영어판에서도 나타난다.

예를 들면, 제2차 세계대전 초기에 독일군이 프랑스의 방어선을 돌파한 후의 경위에 대해서 영어판, 독일어판, 네덜란드어판은 "프랑스 정부는 휴전을 요청했다"라고 쓴 데 비해 프랑스어판만은 "페탱 원수元帥는 휴전을 선언했다"라고 프랑스 측의 면목을 지키는 표현을 사용했으며, 또 히틀러가 최종적으로 영국으로의 침공을 단념한 것을 기술할 때, 독일어판, 프랑스어판, 네덜란드어판에는 영국을 나타내는 단어로 '영국제도(British Isles)'에 해당하는 객관적인 단어가 사용된 데 비해, 영어판은 '영국의 토지!(British soil !)'라고 하는 감정적인 울림이 있는 표현을 사용했다. 혹은 앞서 본 코페르니쿠스에 대해 폴란드 출생을 쓰지 않은 독일어판의 번역도 같은 자세를 엿볼 수 있는 예다.

어떤 의미에서 이러한 의도적인 약속위반보다 더 심각한 문제를 보이는 예로서는 '민족 이동'이라는 용어를 들 수 있다. 일본어의 '민족 이동'은 아마 독일어의 'Völkerwanderung'의 번역이라고 생각되는데, 프랑스어로 이것을 표현하면 '게르만인의 침입(invasions germaniques)'이 된다. 이 '침입'이라는 표현에 침입당한 로마제국 측의 시점이 들어가 있음이 분명하다.

유럽평의회에 의해 열린 1950년대의 심포지엄에서의 기초적인 역사용어를 둘러싼 논의에서도 알 수 있듯이, 역사를 말할 때에 빠질 수 없는 아주 간단한 말에도 근대 민족주의의 역사와 그 속에서 구성된 역사 기술이 흔적을 남기고 있으며,『유럽의 역사』는 이 같은 근본적인 문제에 대한 대응을 빠뜨린 채 작성되었다고 해도 좋을 것이다.

유럽이란 무엇인가

네 번째 문제점도 이 책의 본질과 관계가 있다. 이미 서술한 바와 같이『유럽의 역사』서장에는 '유럽의 본질'에 대한 서술이 있지만, 거기에서 '유럽이란 무엇인가?'라는 물음에 대한 집필자의 명확한 대답을 찾을 수는 없다. 책의 여기저기서 유럽의 다양성이 이야기되고 있다. 지리적 의미에서 자연 조건의 다양성, 언어의 다양성, 그리고 문화의 다양성 등이다. 이것은 '다양성 속의 일체성'[59]을 내세우는 오늘날 유럽통합의 정신을 반영하는 것이라고 할 수 있지만, 일체성의 경우는 마지막까지 불명확하다.

그렇다고는 해도 서장의「유럽정신」에는 고대 그리스에 기원을 두는 민주주의와 로마에서 유래하는 법치주의에 그리스도교 사상이 통합된 데서 비롯되어 지식인 사이에 유럽인이라는 자각이 생겨났으며, 또 거기에는 민주주의 이념, 법치주의에 근거한 공정 이념, 평등 이념, 개인적 자유 이념이 하나로 융합하고 있다고 되어 있다. 그러나 집필자가 자신들이 생각하는 유럽사에서 이 이념들이 일관되게 실현되어왔다고 생각하고 있을 리는 없다. 오늘날에는 유럽을 넘어 보편적인 가치가 된 이런 이념이 발상지인

59__ 유럽연합의 모토인 라틴어 표현 'In varietate concordia(Unity in diversity)'를 말한다.

유럽에서 반복적으로 부정되어왔던 것은 누가 보아도 분명하다. 또「유럽
― 그 역사에 대한 질문들」이라는 절에서는 다음과 같은 기술도 보인다.

유럽 대륙에 발을 디딘 이래로 사람들은 끊임없이 서로에게 영향을 주고 서로
맞서며 또 단결하게 되었다. 유럽의 역사는 무엇보다도 유럽 사람들의 역사인
것이다.

여기에서 말하는 '유럽인'이 앞서 본 지식인 사이에서 생긴 자각을 가리
키지 않는다는 것은 확실하다. 이 문맥에서는 그것이 '유럽 대륙에 살고 있
는 인간'이라는 정도의 의미로 사용되고 있다. 그렇다면 유럽은 지리적으로
어느 정도의 범위를 가리키는가의 문제를 생각해보자. 서장의 1절「유럽의
지리적 특징」에서는 "서쪽에서 동쪽으로는 전통적으로 대서양에서부터 우
랄 산맥까지 펼쳐져 있는 것이다"라고 되어 있는데, 이는 어떤 의미에서
상식을 근거로 하고 있다. 표트르 대제에 의해 러시아가 유럽에 편입되었
다고 하며, "유럽에서 동쪽의 경계선만이 유일하게 불분명한 상태에 있는
것은 아니다"라고 쓰여 있다.

그러나 이 표트르 대제에 대한 언급은 유럽을 지리적인 개념으로 보아서
는 안 된다는 것이다. 그래서 굳이 말하자면 서장의 결론은 결국 유럽의
지리적 개념도, 유럽인도, 유럽사도 모두 애매하다는 것이다. 그것은 그저
지리적인 범위가 불명확하다고 할 뿐만 아니라 여러 가지 시점이 서로 얽
혀 있어 논의마저 어려운 상황임을 밝히고 있다. 이런 상황은 처음부터 예
상되었기 때문에 피렌체에서의 편집회의는 이 문제를 뒤로 미루었지만 당
초의 예상과는 달리 역시 마지막까지 유럽상은 명확해지지 않았다고 해야
할 것이다.

오히려 그럼에도 불구하고 한 편의 책이 완성된 것은 사실을 포착하는 것과는 다른 차원의 감각이 집필자에게 작용하고 있었기 때문이었다. 그리고 그 중요한 한 가지가, 처음에 말한, 지금은 세계적으로 넓게 인식되기에 이른 여러 가지 기본적인 가치들을 자신들의 작품이라고 주장하고 싶은 욕구일 것이다. 이렇게 해서 유럽사를 목표로 쓰여진 이 책은 엄밀히 말하면 유럽의 역사를 그리지 않는 결과로 끝나버렸다. 일본의 학교교육에서 제공되는 일본사가 일본이라는 국가를 고대 이래 면면히 이어지는 영속성의 이미지로 꾸미려고 한 결과 오늘날의 일본국·일본인 개념에 맞지 않는 것을 계속해서 서술하는 모순을 범하듯이, 『유럽의 역사』도 '자신이 만들어낸 보편적 가치'의 기원을 고대 그리스까지 거슬러 올라가 추구함으로써 통합 유럽의 개념을 애매하게 바꾸어버린 것이다.

이것은 결코 추상적인 수준의 문제가 아니라 역사교육의 현실적인 문제를 불러일으키는 것이기도 하다.

독일의 중등교육 단계 I 용의 역사교과서와 그 교육과정기준을 보면, 주에 따라 또 학교 종류에 따라 다소의 차이가 있기는 하지만 기본적으로 1년째에 고대부터 로마제국의 멸망까지, 2년째에 중세 및 대항해시대 전후까지, 3년째에 프랑스 혁명부터 이른바 제국주의시대까지, 그리고 마지막 4년째에 제1차 세계대전 이후의 역사가 다루어진다. 수업 시간은 각 학년이 같기 때문에 프랑스 혁명 이후의 시기에 전 시간수의 절반이 할당되어 있다. 그것에 비해 『유럽의 역사』에서는 18세기 이후의 역사에 서장을 제외하고 전체 11장 가운데 4장밖에 할당되지 않았다. 반대로 고대 및 중세에 할당된 부분은 매우 크다. 여기에는 그리스도교 세계라는 명확한 일체성이 존재했던 중세를 크게 묘사하고 싶은 희망과 함께, 고전 고대와 연결시킴으로써 유럽에 의미를 부여하려는 자세가 반영되어 있을 것이다.

이런 구성은 특히 두 차례 세계대전 전후의 시기를 대단히 간결히 기술하는 결과를 초래했다. 나치즘에 대항하는 레지스탕스에 대한 기술을 예로 들면 아래와 같다.

전쟁이 길어짐에 따라 각국에서 레지스탕스(저항운동)가 조직되었다. 이들의 비합법 활동에는 동맹파업, 사보타주, 테러, 스파이 공작 등 점령군에게 타격을 줄 수 있을 것 같은 온갖 활동이 이용되었다. 프랑스의 드 골 장군은 1940년 여름부터 런던에서 프랑스 항독抗獨운동의 지휘를 맡고 있었다. 한편 동유럽에서는 빨치산(게릴라)이 독일을 상대로 치열한 전투를 벌였다. 그리고 독일 본국에서도 많은 사람들이 독일의 이름을 더럽힌 범죄를 깨닫고 있었다. 그러나 전체주의 체제에서 이런 행위는 대단히 곤란하며 무엇보다도 위험하기 짝이 없는 것이었다. 1944년 7월 독일 국방군의 장교들에 의한 히틀러 암살계획은 거사 직전에 실패했다.

여기에는 폴란드의 저항운동도, 반대로 유고슬라비아에서 나치스 독일에 협력하여 싸운 크로아티아인 병사도 써 있지 않다. 또 독일에서 일어난 저항운동의 예로서 폰 슈타우펜베르크 대령의 쿠데타 계획만을 들고 사회주의자와 공산주의자의 활동에 대해 언급하지 않는 것도 1960년대의 독일 교과서 기술양식을 생각나게 한다. 근현대사의 경시는 일본의 역사교과서를 방불케 하는 피상적인 기술양식을 만들어내고, 그 결과 현대세계를 이해하는 데 있어 중요한 몇몇 논점이 누락되어버렸다.

어쩌면 독일의 역사교과서와 비교하는 것이 근본적으로 잘못인지도 모른다. 들루슈가 의도한 것은 유럽인을 위한 책(교과서)이기 때문에.

그러나 오히려 이 점에야말로 더 심각한 문제가 숨어 있다고 할 수 있을 것이다. 즉, 나치스 독일이 행한 학살, 폭력행위 대부분은 독일인에게 오늘날 더욱 중요하고 심각한 문제로 계속되고 있지만, 다른 유럽인들에게는 상대적으로 작은 의미밖에 가지지 않는다는 역설이 존재하는 것이다. 특히 스페인과 포르투갈, 그리고 아일랜드와 그리스 사람들에게, 즉 산맥과 해협의 건너편 사람들에게는 나치즘에 많은 페이지를 할애하는 것보다 고전 고대와 대항해시대를 크게 다루는 편이 중요할 수 있는 것이다.

이렇게 해서 『유럽의 역사』는 전후 독일이 국제 역사교과서 대화를 통해 지향했던, 역사를 이용하여 역사적 정체성이나 본질적 특성을 자의적으로 형성하지 않겠다는 정신을 벗어남으로써 각 국민국가에 의한 유럽사의 파이pie 쟁탈이라고 할 만한 상황을 초래했다. 그러나 이 책임을 극복되지 않는 각각의 민족주의에로만 돌리는 것 역시 부당하다. 애초에 유럽 스스로가 『유럽의 역사』에 의해 과거와의 연결을 꾀하고 현재를 정당화한다는 전략을 선택한 것이다. 들루슈의 시도는 극복해야 할 대상으로서 현실에 존재하는 민족주의에 직면하기도 전에 스스로의 논리에 따라 비판의 자유를 포기했던 것이다.

종장 국가관의 변용과 역사의 과제

역사에 대한 두 가지 자세

　냉전체제의 해체에 이르기까지 유럽에서 이루어진 국제 역사교과서 대화의 전개과정을 보면, 조금씩이긴 하지만 19세기적인 민족사 — 제1·2차 세계대전 사이에 최고조를 맞이하게 된 자기 국가와 민족의 영광을 찬양하는 이야기로서의 역사 — 가 점차 과거의 것이 되어 가는 양상을 엿볼 수 있다. 적어도 역사교육에 관한 한, 그것이 국민국가의 형성과 일체가 된 과정으로서 발전해온 경위, 그리고 국민국가라는 사회원리가 두 번에 걸친 세계대전을 일으키고, 지금도 세계 각지에서 내전이나 국제분쟁을 빈발시키고 있는 상황을 생각하면, 유럽에서의 국제 역사교과서 대화는 이성이 도달한 당연한 결론으로서 충분히 이해할 수 있다. 그리고 특히 독일과 폴란드의 역사가에 의한 대화나, 유럽평의회하에서 행해진 초기의 다국간 대화에서는 훨씬 개방적·보편적인 성격을 지닌 역사 이해로 재편하려는 의도가 현저하며, 일본 사회가 거듭해서 경험해온 자국사 찬미라는 편협한 사고방식을 극복하기 위한 계기도 거기에서 발견할 수 있다.

　여기서 '민족주의적인 역사 이해'라는 표현은 일반적으로 적어도 두 차원에서 사용되고 있음에 주목할 필요가 있을 것이다.

　첫째로 그것은 이른바 자국중심적인 역사 이해라는 의미를 가진다. 자기 기준에 따라 자기 국가와 민족이 지닌 영광스러운 발자취를 강조하고, 반대로 불리한 부분은 무시 내지 과소평가하는 자세로 쓰인 이른바 자기 민족의 아름다운 이야기로서의 역사다. 이와 같은 자민족 중심적인 역사가 민족이라는 상상의 공동체[60]에 속한 사람들에게 안도감을 제공하는 한편, 각 국민·민족 사이에서 상호불신을 낳는 것임은 말할 것도 없다. 그러나 전쟁·대립이야말로 세계의 일반적인 상태라는 인식에 설 때, 이와 같은 역사는 정당화되고 오히려 필요하다고 여겨지게 된다. 그것은 개인의 긍지를 국가의 긍지와 동일화함으로써 기쁨을 느끼는 감성을 키워 외부를 향한 결속력을 만들어내는 것이다.

당연히 이러한 역사는 대립보다는 협력에 의해 — 폭력보다는 말로써, 논쟁보다는 대화로써 — 현대 세계가 안고 있는 문제들이 더 잘 해결될 수 있다고 생각하는 사람들의 눈에는 시대착오로 비치지 않을 수 없다. 오히려 자국의 어두운 과거를 인정하는 용기를 가지는 것이 그러한 대화의 전제가 된다. 원래 부정적인 유산을 배제함으로써 채워지는 국민적인 긍지는 긍지라는 말로 표현할 만한 내용이 아닐 것이다.

종래 일본의 역사교육이 이상과 같은 논조 위에 성립되었음은 의심할 여지가 없다. 물론 거기에는 역사학적인 진실이라는 개념이 마찬가지로 큰 의미를 가진다. 그것은 자명하며 동시에 여전히 그 중요성을 잃지 않았다. 그러나 무수하게 존재하는 어떤 진실을 집어내고 그것을 어떻게 관련지어 서술하는가라는 점에서는, 참 거짓의 판단 외에 사회에서의 중요성이라는 관점이 결정적인 의미를 지닌다. 특히 학교의 역사교육에서는 정치적인 판단능력을 가진 국민의 육성이라는 관점에서 자국 역사에서 부정적인 사건의 인식이 요구되는 것은 자연스러운 일이라 말할 수 있을 것이다.

그리고 실제로 유럽에서의 국제 역사교과서 대화가 이러한 관점에서 평가되어온 것임은 틀림없다. 독일–폴란드 대화가 많은 주목을 받아온 것은,

---

60_ 베네딕트 리처드 오고먼 앤더슨(Benedict Richard O'Gorman Anderson, 1936~)이 창조한 표현인 'imagined communities'를 말한다.

독일 역사가가 폴란드 역사가의 전망을 빌어 비판적인 시각에 입각한 독일 상을 형성하고자 했기 때문이다.

그렇지만 국제 역사교과서 대화를 진전시켜온 동기 중에는 더 급진적인 감각도 인식되지 않는 것은 아니다. 그것은 '민족주의적인 역사 이해'가 지닌 두 번째 의미에 대한 비판이다.

첫 번째 의미의 역사 이해에서 민족주의를 비판하는 것은 정말로 국민국가 형성과정에서 편찬되어온 민족사를 비판하는 것일까? 국민국가에 의한 자의적인 역사 이해의 상세함에 주목하는 것 자체가 비판 대상에 매몰되는 결과를 갖고 올 위험은 없는가?

두 번째 의미는 이러한 비판 속에서 나타난다. 원래 민족을 자연스러운 공동체로 설정하는 국민국가의 발상이 인류를 '안에 있는 국민'과 '밖에 있는 이방인'으로 이분하고, 또 그 경계선을 영원불멸한 것으로 보는 결과를 초래했다. 그것을 문제시하려 할 때 묻지 않으면 안 되는 것은, 단순한 자국의 과거 미화가 아닌 민족이나 국민·국가라고 하는 집단적인 개념을 자명한 것으로 받아들여 민족의 역사를 말하는 행위 그 자체이다. 현실적으로는 국민의 규정, 즉 누가 국민이고 누가 이방인인가라는 기준은 항상 변화의 가능성에 노출되어 있다. 구 유고슬라비아가 해체됨에 따라 그때까지 같은 국민이었던 세르비아인과 크로아티아인은 다른 국민이 되었다. 이전의 체코슬로바키아인도 체코인과 슬로바키아인으로 나뉘었다. 한편으로 독일 통일에 의해 그때까지 서독인과 다른 민족이라 말해왔던 동독인은 함께 같은 독일 국민이 되었다. 이처럼 본래 영속성을 가지지 않는 국민의 시점에서 고대부터 현재까지 계속되는 역사를 서술하는 것 자체가 상상의 공동체에 지나지 않는 국민을 마치 불변의 실체인 것처럼 형상화하는 일종의 이데올로기적인 작업이 아닐까라는 비판은 당연하다고 할 수 있다.

유럽의 국제 역사교과서 대화는 유럽사를 민족 역사의 집합체가 아니라 유럽 전체의 역사로 파악하려고 하면서도, 안이하게 유럽인의 역사를 지향하지 않았다. 이런 자세에서 역사가 자연공동체의 정체성에 종속되는 것을 경계했음을 알 수 있다. 물론 현실적으로 전후 유럽에서는 기본적으로 각 나라와 지역마다 민족주의적으로 역사를 가르쳐왔다는 전제조건에서 대화를 시작할 필요가 있었다. 그러므로 역사교육에서 민족주의의 문제는 주로 좁은 의미로 해석되지만, 유럽통합이라는 전망의 존재가 국민국가와 역사의 보다 본질적인 유착에 타격을 주었다는 것도 부정할 수가 없다.

그것은 역사관의 전환이라기보다는, 역사관이 마주해온 좌표축이 변경되고 더 높은 곳으로 이동했다는 표현이 적당할 것이다. 즉, 국제 역사교과서 대화가 지향해왔던 과거의 재편은 단지 이전의 역사 이해에 대해 보다 평화적인 안티테제를 추구하는 것이 아니라, 한층 높은 지점에서 역사와 역사관을 관찰하는 것이었다고 할 수 있다. 그리고 이런 수준의 요구는 역사가를 비롯한 각 개인과 국민국가 사이에 새로운 관계가 성립하고 있는 현대사회의 양상에 호응한다.

정의定義를 향한 욕구 부활

전후 독일의 지식 계층에 시야를 한정하면, '헌법적 애국주의'라는 말로 상징되듯이 내셔널리즘을 탈피한 개방적인 국가관이 특히 1960년대 후반 이후 1980년대 중반에 이르기까지 점진적으로 지지를 넓혀왔다. 거기에서 독일이라는 국가는 문화적인 의미에서의 독일성을 가진 독일인의 국가 ― 이를테면 문화적 유기체 ― 가 아니라 헌법에서 보이는 가치와 이념을 실현하기 위한 제도로서 이해된다. 이 같은 국가관의 전환에 나치즘에 의한 국민국가 독일의 전면적 파국과, 그 결과로서 옛 동부 영토의 상실 및 동서독의 분열이라는 현실이 큰 역할을 맡았음은 말할 나위도 없을 것이다. 1945년의 완전한 파국은 1939년의 제2차 세계대전 개전이 아니라 1933년 히틀러 정권의 탄생에서 시작하며, 그 원인은 더욱이 1871년 통일 독일 국가의 성립까지 거슬러 올라간다. 그렇게 생각할 때 독일 국가가 개인이 그곳에 매몰됨으로써 안도할 수 있는 완전무결한 존재라는 관념은 허용되지 않으며, 또 서독이라는 구체적인 예에 나타난 국민국가라는 정치체제는 결코 자연스러운 것이 아니라 우연과 인위의 산물임이 분명해진다.

그러나 최근의 세계는 이 같은 국민국가 이미지를 세속화하는 노정이 매우 험난하다는 것을 보여주고 있다. 패전이 독일 지식인에게 초래한 국민국가에 대한 심리적인 거리라는 은혜가 유럽의 이웃들에게 동일하게 주어졌을 리는 없다. 그들 사이에는 나치즘을 독일 고유의 문제로 받아들이는 자세가 존재하며, 그것은 자신들의 근현대사에 대한 반성적인 시각의 결여를 의미할 뿐 아니라 국가나 민족과 같은 개념에 대한 비판의식이 자라고 있지 않음을 보여준다.

물론 나치스 독일의 피해를 받고, 그런 까닭에 나치즘에 엄격한 시각을 가졌던 사람들은 나치즘을 알면 알수록 그것이 가지는 일종의 전형으로서의 성격, 즉 같은 요소가 자국의 역사에도 존재함을 인식하게 되었다. 1997년 여름 프랑스 가톨릭 교회에 의한 죄의 고백 ― "우리들은 유대계 시민의 운명에 너무 무관심했다!" ― 은 1980년대 이후 겨우 본격화되는 꼴라보라

시옹(Collaboration: 나치스 점령하에서 프랑스인이 독일에 협력한 것)에 대한 재검토의 움직임에 연동하는 것이라 말할 수 있다.

또 오랫동안 안슐루쓰(Anschluss: 1938년 나치스 독일에 의한 병합)를 강조하고 자국민이 나치즘에 관여한 것을 계속 부인해왔던 오스트리아에서도, 발트하임 사건(1986년의 대통령 선거에서 국민당 후보 쿠르트 발트하임이 전쟁 중의 나치스 경력 폭로에도 불구하고 당선되었다. 여기서 일반 오스트리아 국민의 역사인식 문제가 국제적인 논의를 불러일으켰다)이나 1988년의 일련의 안슐루쓰 50주년 기념행사를 치르는 가운데 "우리들은 정말로 피해자였을까?"라는 물음에 큰 의미가 부여되기에 이르렀다. 1990년대에 들어오면서 오스트리아는 네오나치로 대표되는 극우과격파의 움직임도 염두에 두면서, 홀로코스트 부정론('아우슈비츠는 소련의 조작', '유대인들의 국제적 음모'라는 주장에 따라 유대인의 대량학살은 존재하지 않았다고 하는 입장. 이런 설을 공공연히 말하는 것은 많은 유럽 국가에서 형법 범죄이지만 미국을 중심으로 활동하는 네오나치스단체가 전파하는 정보가 유럽에 밀수되어 국제 문제가 되고 있다)에는 어떠한 학문적인 근거도 없다는 것을 역사교육의 자리에서 의식적으로 가르치도록 하고 있다. 여기에서 나치즘은 과거의 사건이 아니라 우리들이 살고 있는 현대의 문제라고 하는, '현대'를 안이하게 역사화하지 않겠다는 자세를 엿볼 수 있다.

그러나 이 같은 '죄의 고백'이 1990년대에 와서야 겨우 이루어지게 되었다는 사실은, 반대로 지금까지도 민족의 과거에서 스스로의 존재 이유를 찾고 있는 사람들이 다수 존재하고 있다는 것을 시사한다. 사실 1990년대 세계 각지에서는 미화된 민족의 역사를 요구하는 소리가 고조되고 있다. 그 원인 중 하나가 철의 장벽의 소멸에 있다는 데는 대체로 이론이 없을 것이다. 냉전체제가 해체됨에 따라 이전의 적-자기편 관계가 의미를 잃게 되면서 새로운 적(다른 민족)이 필요해지고, 그 적의 존재에 전제가 되는 자민족의 재발견이 이루어졌다고 해석되는 것이다.

구 유고에서의 인종청소전쟁, 유럽 전역에 만연한 외국인 배척 움직임, 미국에서의 잉글리쉬 온리 운동(영어의 공용어화와 그 이외 언어의 공적인 장소, 특히 학교에서의 사용 제한을 요구하는 운동), 그리고 일본에서의 '역사수정주의' 등과 같은 운동의 중핵 사상은 모두 이전부터 존재했지만, 그것이 주목할 만한 규모로 발전한 것은 냉전 후의 세계에 사는 인간들의 자기를 재정의하려는 욕구가 작용했기 때문이다. 인공적으로 만들어진 냉전이라는 틀에 배신당한 지금, 자연스러운 것, 안심하고 매몰될 수 있는 것 ― 적어도 그렇게 보이는 것 ― 에 불안한 사람들의 눈이 모이는 것이다.

이런 움직임에 관해서는 나치즘에 의한 패전이라는 호기에 혜택을 입었던 독일 사회도 무관하지 않다. 베를린 장벽의 소멸에 따른 국가 통일로 서독을 지탱하던 이성은 침묵할 수밖에 없게 되었다. 이미 1980년대 말에 이른바 '역사가 논쟁' 속에서 독일의 과거를 무의미에서 구해내려는 시도가 일부 저명한 역사학자와 정치학자의 손으로 행해져, 1990년대에 들어오면 난민 문제와 관련하여 '독일은 독일인의 것'이라는 논의가 보수계 정치가에 의해 반복해 주장되었다. 또 하버드 대학의 골드하겐(D. J. Goldhagen)이 박사학위논문 「히틀러의 자발적 사형집행인들」(1996)에서 홀로코스트는 당시 (일부 독일인이 아니라) 독일인 일반의 '국가적 프로젝트'였다고 결론짓자, 독일 국내에서는 과민하다고 할 만한 감정적인 반발이 일어났다. 이 같은 경위는 독일 역사가를 중심으로 한 지식인층 사이에 감상적이며 자연주의적인 국가관과 정체성 창출의 지혜로서의 역사학이라고 하는 기억이 뿌리 깊게 남아 있음을 다시 드러냈다고 할 수 있다.

들루슈의 『유럽의 역사』도 이런 문맥에서 생각할 수 있다. 그때까지 유럽 규모에서 열린 세미나나 심포지엄에서 유럽사 작성을 요구하지 않는 입장이 명확했음에도 불구하고, 1990년대에 들어오자 갑자기 그때까지의 원칙이 잊혀지고 이 같은 책이 만들어진 경위는, 탈냉전이라고 하는 새로운 환경하에서 자연스럽고 자명한 귀속처를 구하는 심정이 누구도 깨닫지 못하는 사이에 유럽의 역사가·역사교육 관계자 사이에 퍼져 있었음을 보여주는 것이다.

유럽사는 유럽을 정의하면서 필연적으로 유럽의 안과 밖을 구별한다. 실은 이 경계 구획의 기능이야말로 — 명확히 의식되지는 않았다고 해도 — 역사에서 정말로 요구되던 것이었다고 생각된다. 그래서 유럽사에 의해 내부로 분류된 사람들은 그 역사로부터 기원의 이미지와 집단적 정체성을 얻는 동시에, 장래에 나타날 가상의 적을 획득하게 되었다. 유럽은 국민국가를 넘어서기 위한 자각이라는 허상을 넘어서 역사라는 수단으로 실상實像에 손을 뻗은 순간, 스스로 국민국가로 변하는 첫걸음을 내딛게 된 것이다.

결국 유럽사라는 개념은 오늘날의 국민국가에 대한 기본적인 긍정에 입각한다고 하지 않을 수 없다. 자주 일컬어지는 '유럽사와 민족사의 공존 혹은 상호보완 관계'라는 표현은 양자의 본질적인 공통성에 기인한 긴장관계를 보여준다. 그리고 들루슈의 『유럽의 역사』는 유럽이란 무엇인가를 비판적으로 검토하지 않고 유럽을 정의한다는 모순을 범했지만, 새로운 민족사가 탄생하는 모습을 상징하고 문제의 소재를 명확히 했다는 의의를 지니고 있다.

국민은 계속되는가

이 같은 현재의 문제를 앞에 두고 자국사에 드리워져 있는 그림자를 인식하는 것만으로는 부족하며, 반드시 자국사라는 양상 그 자체에 비판적으로 대응할 필요가 있다.

그렇지만 여기에서 하나의 모순이 발생한다. 혹시 자국사를 부정해버렸다면 그것을 미화하는 경향마저 비판할 수 없게 되는 것은 아닐까? 예를 들면, 일본이라는 국가는 환영에 지나지 않는다고 생각해서 그 역사를 전부 부정한다면 기존의 일본 역사를 미화하는 경향에 맞서는 비판적 자세마저 불가능하게 되는 것은 아닐까?

이런 불안은 자기 국가와 민족의 과거에 대한 끝없는 찬미를 국민국가에 사로잡힌 형태로밖에 비판할 수 없다는 결론을 초래했고, 한편으로 그 같은 타협적인 태도는 국민국가를 근본적으로 비판할 수 없다는 논의를 낳았다. 현실적으로는 민족주의를 칭송하는 논의가 너무 자폐적인 자세를 취해왔기 때문에 그것을 비판하는 측의 내부에 존재하는 사상적 기반의 차이는 불문에 붙여지는 경향도 있었음이 분명하지만, 원리적인 문제는 미해결인 채 남아 있다고 할 수 있다.

그러나 이러한 모순이 정말로 모순인 것일까?

그것이 모순으로 받아들여지는 원인은 일본이라는 민족적 혹은 국가적 개념을 영속적인 것으로 보는 감각이 깨닫지 못하는 사이에 작용하고 있었던 데에 있다고 생각된다. 일본인이라는 민족은 근대에 있어서 상상의 산물이며, 그런 공동체 의식을 키워왔던 국민국가도 한 시대의 산물이라고 생각할 때, 바꾸어 말하면 오늘날 일본이라는 국가도 일본인도 근대에 발생한 것으로 결국에는 소멸하는 존재라는 시각을 가졌을 때, 근현대사에서 일본인·일본 국가가 저지른 가해 행위를 비판하는 것과 그들의 근본적인 허구성을 확인하는 자세는 모순되지 않는다. 일본이라는 국가를 고대부터 미래까지 영원히 계속되는 것처럼 파악하는 감각 — 그것이 잘못임은 이해 하더라도 어딘가에 남아 있는 감각 — 이 착각을 일으키는 것이므로, 그 일 시적인 성격을 확인하면 근대 이후에 잘못한 행위에 눈을 돌리는 것은 '지 금 있는 일본'이 일으킨 행위로서 비판적 사고의 대상이 된다. 더구나 역사 는 허구를 실재로 보기 때문에 지금도 '과거'를 말하고 그 미화에 힘쓰고 있지만, 국민국가를 위해 편집되려 하는 역사 자체가 허구로서 실재하는 지금 일본의 일부인 것이다. 국제 역사교과서 대화는 바로 현재를 대상으 로 한 활동이다. 그것이 문제 삼는 것은 과거가 아니라 역사를 편집하고 있는 현재임이 틀림없다. 물론 근현대에 시작되어 오늘도 계속되는 '현재' 가 세계 각지에서 마치 민족이나 국가가 자연스러운 것처럼 보이는 역사를 계속 그리고 있음은 부정할 수 없지만, 그렇기 때문에 그 같은 활동이 어떤 부분에서는 공동체의 유혹에 넘어가면서도 동시에 저항을 시도하고 있다 는 사실의 의의는 크다. 국제 역사교과서 대화는 국민국가의 틀에서 약간 일탈함으로써 역사가 감추고 있는 현재를 드러내고, 국민에게는 보이지 않 는 국민이라는 상을 명확히 하는 것이다.

후기

필자가 '국제 역사교과서 대화라'는 말을 처음 알게 된 것은 1982년의 일이다. 당시 일본에서는 역사교과서의 기술을 둘러싸고 이웃나라들과 국제적인 논란이 생긴 가운데 연구자를 비롯하여 대중매체도 유럽, 특히 독일 역사가에 의한 국제적인 대화에 눈을 돌리고 있었다.

이 문제에 주목하게 된 계기와 일본 역사교육의 전반적인 상황이, 국제 역사교과서 대화를 지나치게 이상적으로 보게 한 면이 있다는 것도 부정할 수 없다. 그것은 1985년의 이른바 '광야의 40년' 연설 등과 함께 서독이 우등생이라는 이미지가 일본에 형성되어 있었기 때문이다. 현실적으로 일본 정부는 1965년 이래 우방인 한국과의 대화조차 원칙적으로 부정하고 있었으므로, 당시의 적국인 폴란드와 대화했던 서독의 예는 주목할 만한 것임에 틀림없었지만, 모범으로서 그것을 배우려는 실용주의적인 감각은 연구대상으로서 관찰하는 자세와는 일단 구별되어야 하는 것이었다.

그 차이를 더욱 실감하게 된 것은 이른바 동유럽 혁명이다. 이로써 독일－폴란드 대화를 대립하는 국가 간의 활동으로 볼 수 없게 되었다. 물론 예전에 독일이 일종의 식민지 지배를 행했던 폴란드라는 위치는 변함없었다. 그 점에서 종래의 견해가 무의미하게 된 것은 아니다. 그렇지만 동유럽 혁명은 현대를 살아가는 우리들에게 국가 간의 대립 이전에 그 전제로서의 민족 혹은 국민이라는 양상을 보다 심각한 문제로 제기했다.

미소 간의 냉전 종결은 40년 만의 독일 통일과 동시에 유럽 각지에서 민족분쟁을 초래했다. 그것은 일시적인 것이 아니라 구 유고슬라비아 지역에서 발생한 분쟁 등이 보여주듯 지금도 계속되고 있다고 생각해도 좋을 것이다. 다른 한편 서유럽을 중심으로 한 유럽통합이 급속도로 동쪽으로 확대되고 있는 것도 냉전체제 해소의 결과다.

이와 같은 새로운 상황이 국제 역사교과서 대화에 무엇을 의미하는 것일까? 필자는 이 물음에 대한 해답을 최근 몇 년간의 과제로 삼아왔다. 그리고 이 책은 현재 시점에서 잠정적인 해답을 정리한 것이다.

본문에서도 서술한 거처럼, 1990년대 유럽 국제 역사교과서 대화의 전개는 언뜻 보아 비약적인 발전을 이룬 것처럼 보이면서도 실은 어쩔 수 없이 후퇴한 것처럼 여겨진다. 잇달아 드러나는 민족문제를 앞에 두고 그에 대한 대응까지도 민족주의적인 원리에 물들어버렸다고 볼 수도 있을 것이다.

희망은 이제까지 국제 역사교과서 대화를 진전시켜온 사람들 사이에서도 근래의 상황에 대한 반성의 눈이 나타나기 시작했다는 것이다. 기존의 국가를 긍정하지 않고 국가를 초월하려는 안이한 시도에는 비판적으로 맞서겠다는 자세가 회복되었을 때, 국제 역사교과서 대화는 다시 전진을 개시할 것이다. 민족주의에 고통받는 냉전 후의 세계는 이전 어느 때보다도 이러한 활동을 필요로 하는 것임은 의심할 여지가 없다.

졸저이지만 이 책에 담긴 연구는 실로 많은 분들의 후의를 담고 있다. 한 분 한 분 거론하여 예의의 말씀을 올려야 하겠으나 이 자리를 빌어 감사의 뜻을 표하는 데 그치고자 한다. 끝으로 필자에게 이 책을 정리할 기회를 주신 주고신쇼中公新書 편집부의 나미키 미쓰하루並木光晴 님께 진심으로 감사드린다.

1998년 7월

곤도 다카히로近藤孝弘

참고문헌

여기서는 독자가 비교적 쉽게 참고할 수 있는 문헌을 중심으로, 특히 중요한 것만을 싣는다. 게오르크 에케르트 국제교과서연구소의 간행물(독일-폴란드 공동교과서위원회의 간행물이나 기타의 다른 정기간행물〔*Internationales Jahrbuch für Geschichtsunterricht*, Bände Ⅰ~Ⅸ, 1951~1963/64, *Internationales Jahrbuch für Geschichts und Geographieunterricht*, Bände Ⅹ~ⅩⅦ. 1965/66~1976, *Internationale Schulbuchforschung*, 1979~〕을 포함한다)에는 매우 가치 있는 자료가 많이 보이지만, 방대한 양이기 때문에 여기에 모두 적을 수 없었다. 또 1976년의 독일-폴란드 교과서 권고, 1935년과 1951년의 독일-프랑스 교과서 권고의 일본어 번역은 졸저『독일현대사와 국제 교과서 개선』에 실려 있다.

서장 역사교과서에 대한 물음

Candell, I. L. 『ヒューマニズムと國際的理解』岩波書店, 1952.
Lauwerys, J. A., *History Textbooks and International Understanding*, Paris, 1953.
日韓歷史敎科書硏究會編『敎科書を日韓協力で考える』大月書店, 1993.
Russell, B., *Education and the Social Order*, New York, 1993.
Schröder, C. A., *Die Schulbuchverbesserung durch internationale geistige Zusammenarbeit. Geschichte-Arbeitsformen-Rechtsprobleme*, Braunschweig, 1961.
Schüddekopf, O. ‐ E., *History Teaching and History Textbook Revision*, Strasbourg, 1967.
Vigander, H., *Mutual Revisin of History Textbooks in the Nordic Countries*, Paris, 1950.

1장 전후 독일에서 대화를 다시 열다

Bender, P. 『ドイツの選擇 ― 分斷から統一へ』小學館, 1990.
Eckert, G. u. O.-E. Schüddekopf (hrsg.), *Deutschland-Frankreich Europa*, Baden-Baden, 1953.
中野光他, 『戰後ドイツ敎育史』, 御茶の水書房, 1966.
西川正雄, 『現代史の讀みかた』, 平凡社, 1997.
大嶽秀夫, 『アデナウアーと吉田茂』中央公論社, 1986.
Pakschies, G., *Umerziehung in der Britischen Zone 1945~1949*, Weinheim, 1979.
Pandel, H. ‐ J. (hrsg.), *Verstehen und Verständigen*, Pfaffenweiler, 1991.
　　Probleme der deutsch-französischen Geschichtsschreibung, Baden-Baden, 1949.
　　Tagungen deutscher und französischer Geschichtslehrer 1950~1953, Baden-Baden, 1954.
土持ゲーリー法一『占領下ドイツの敎育改革』明星大學出版部, 1989.
Vailland, J., *Französische Kulturpolitik in Deutschland 1945~1949. Berichte und Dokumente*, Konstanz, 1984.

2장 철의 장막을 넘어서 _ 독일-폴란드 교과서 대화

足立邦夫『ドイツ·傷ついた風景』講談社, 1992.
藤澤法暎『ドイツ人の歴史意識－教科書に見る戦争責任論』亞紀書房, 1986.
伊藤光彦『謀略の伝記－政治家ウェーナーの肖像』中公新書, 1982.
近藤孝弘.『ドイツ現代史と國際教科書改善』名古屋大學出版會, 1993.
三島憲一『戰後ドイツ』岩波新書, 1991.
永井淸彦譯『荒れ野の四〇年』岩波ブックレット, 1986.
永井淸彦『現代史ベルリン·增補』朝日新聞社, 1990.
西川正雄編著『自國史を越えた歷史敎育』三省堂, 1992.
渡辺克義『カチンの森とワルシャワ蜂起』岩波ブックレット, 1991.
山本俊朗他『ポーランド民族の歴史』三省堂, 1980.

3장 독일-폴란드 교과서 권고의 반향

Häßler, H. - J. u, C. v. Heusinger (hrsg.), *Kultur gegen Krieg. Wissenschaft für den Frieden*, Würzburg, 1989.

Jacobmeyer, W., "Friedensförderung und Versachlichung," *Das Parlament*, Nr.33/10 (August 1990).

Markiewicz, W., "Gemeinsames Geschichtsbuch geplant," *Das Parlament*, Nr.33/10 (August 1990).

Markmann, H. - J. u. J. Vietig (hrsg.), *Das deutsch-polnische Verhältnis. Referate zu Problemen der deutsch-polnischen Schulbuchempfehlungen*, Berlin, 1981.

Sekretariat der Ständigen Konferenz der Kultusminister der Länder in der Bundesrepublik Deutschland, *Die Darstellung des deutschpolnischen Verhältnisses in Schulbüchern und seine Behandlung im Schulunterricht in den Ländern in der Bundesrepublik Deutschland-Sachstandsbericht für die 211. Plenarsitzung der Kultusministerkonferenz am 23./24. September 1982*, 1982.

Strobel, G. W., "Politisches System und Pluralismus in Polen," *Aus Politik und Zeitgeschichte*, B 12 - 13/90, 1990.

4장 역사교육, 유럽을 고민하다

Bruley, E. u. E. H. Dance, *A History of Europe?*, Leyden, 1960.

Colle-Michel, M., *European teachers' seminar on "Europe : knowing the past, understanding the present. What to know about European history by the end of compulsory schooling" Report*, Strasbourg, 1991.

Council of Europe, *Against bias and prejudice : the Council of Europe's work on history teaching and history textbooks. Recommendations on history teaching and history textbooks adopted at Council of Europe conferences and symposia 1953~83*, Strasbourg, 1986.

Dance, E. H., *The Place of History in Secondary Teaching. A Comparative Study*, London, 1970.
Grundbegriffe der Geschichte. 50 Beiträge zum europäischen Geschichtsbild, Gütersloh, 1964.

Habersetzer, B. u. E. A. Wiecha, "40 Jahre Europäische Schulen. Ein Modell für die Integration im Bildungsbereich?" *Das Gymnasium in Bayern*, H. 3, 1993.

Hinrichs, E., "Das Europa der Regionen－Chance oder Hindernis für den europäischen Einigungsprozeß," *Geschichte Politik und ihre Didaktik*, H.1/2, 1992.

小松弘幸 「ヨーロッパ教育における教育理念の構造的分析－ヨーロッパ共同体の 『ヨーロッパの次元』を中心に」『名古屋大學教育學部紀要－教育學科』第43巻 第1号, 1996.

Mickel, W., "Europa im Unterricht," *Aus Politik und Zeitgeschichte*, B 3/79, 1979.

Official Report of the Fourth Conference on the Revision of History Textbooks held at Royaumont from 2nd to 9th September 1956, Strasbourg, 1956.

Report of the Symposium on the revision of history textbooks held at Calw in the Black Forest from the 4th to 12th August 1953, Strasbourg, 1953.

Report on the Conference on the Revision of History Textbooks held at Rome from the 15th to 22nd September 1955, Strasbourg, 1955.

Report of the Fifth Conference on the Revision of History Textbooks held at Scheveningen from 15th to 25th Septemer 1957, Strasbourg, 1957.

Rijksbaron, A., W. H. Roobol u. M. Weisglas (hrsg.), *Europe from a Cultural Perspective*, The Hague, 1987.

5장 유럽의 역사란 무엇인가

Borries, B. v., "Gemeinsame Geschichte für europäische Schüler? Zwischen Einheits－Illusion, Kantönli－Geist und Identitäts-Reflexion," *Geschichte lernen*, Nr.32, 1993.

Bourdillon, H. (hrsg.), *Teaching History*, London, 1994.

Delouche, F. 『ヨーロッパの歴史』東京書籍, 1994.

國際教育課程統合研究プロジェクト 『「ヨーロッパの歴史」 を讀む』 東京學芸大學海外子女教育センター, 1997.

近藤孝弘, 「ヨーロッパの教育に向かう2つの道?－英獨歴史教科書におけるヨーロッパ統合に關する記述の変遷」『名古屋大學教育學部紀要－教育學科』第43巻 第2号, 1997.

近藤孝弘, 「ヨーロッパにおける歴史像の共有?」宮島喬編著『現代ヨーロッパ社會論』人文書院, 1998.

New approaches to history teaching in upper secondary education. Report, Strasbourg, 1992.

Petersen, T., "Ein Europäisches Geschichtsbuch－die Renaissance als Baustein des europäischen Hauses," *Geschichte Politik und ihre Didaktik*, H.1/2, 1992.

Pingel, F., "Europa im Schulbuch－eine Bestandsaufnahme," *Geschichte in Wissenschaft und Unterricht*, H.9, 1993.

Renner, G. (hrsg.), *Die Europäische Einigung im Schulbuch*, Bonn, 1992

Richter, R., "Das Neue Europäische Geschichtsbuch. Bemerkungen zu einem Schulbuch-Wagnis," *Geschichte Politik und ihre Didaktik*, H.1/2, 1993.

Schulze, W., "Von der 'europäischen Geschichte' zum 'Europäischen Geschichtsbuch'," *Geschichte in Wissenschaft und Unterricht*, H.6, 1993.

종장 국가관의 변용과 역사의 과제

Habermas, J. 『遅ればせの革命』岩波書店, 1992.

比較史比較歴史教育研究會編『共同討議－日本・中國・韓國－東アジア歴史教育シンポジウム記錄』ほるぷ出版, 1985.

比較史比較歴史教育研究會編『アジアの「近代」と歴史教育』未來社, 1991.

比較史比較歴史教育研究會編『自國史と世界史－歴史教育の國際化をもとめて』未來社, 1985.

比較史比較歴史教育研究會編『黑船と日清戰爭－歴史意識をめぐる對話』未來社, 1996.

Hobsbawm, E. 『創られた伝統』紀伊國屋書店, 1992.

君島和彦『教科書の思想』すずさわ書店, 1996.

小森陽一/高橋哲哉編著『ナショナル・ヒストリーを越えて』東京大學出版會, 1998.

近藤孝弘, 「選擇肢としての外國人教育－ドイツの事例から」『東京學芸大學海外子女教育センター紀要』第8集, 1996.

近藤孝弘, 「「平和」の代償? オーストリア第二共和制の自己理解」『名古屋大學教育學部紀要 (教育學)』第44巻 第2号, 1998.

近藤孝弘, 「歴史教育論の國際的次元－『改革』の中の國民の繼讀と歴史の欠落」日本比較教育學會『比較教育學研究』No.24, 東信堂, 1998.

三島憲一『文化とレイシズム』岩波書店, 1996.

Mosse, G. L. 『大衆の國民化』柏書房, 1994.

西川長夫『地球時代の民族＝文化理論－脱「國民文化」のために』新曜社, 1995.

大石紀一郎「ゴールドハーゲン論爭と現代ドイツの政治文化」日本ドイツ學會『ドイツ研究』No.24, 成文堂, 1997.

Renan, E. 『國民とは何か』河出書房新社, 1997.

역자 후기

이 책은 곤도 다카히로近藤孝弘의 『國際歷史敎科書對話 ─ ヨーロッパに
おける'過去'の再編』(中央公論社, 1998)을 번역한 것이다. 이 책은 전후
유럽에서 '독일(구 서독)과 프랑스', 또 '독일과 폴란드'가 역사교과서를 둘
러싸고 '국제 역사교과서 대화'를 시도했다는 사실, 그리고 그것이 냉전 아
래에서 어떠한 성과를 낳았으며 결과적으로 유럽 통합의 조류 속에서 어떻
게 발전했는가를 추적하고 있다.

독일과 프랑스 간의 대화는 문화교류의 차원에서 전개되면서, 상대방의
역사를 서로 배우고 상호이해를 깊이 하는 것을 목표로 했다. 독일과 폴란
드 간의 대화는 독일 역사학자들이 폴란드 역사학자들에게 말을 걸고, 그
들의 협력을 얻어 자국사를 찬미하는 경향에 대해 냉엄하게 질문을 던진
것이었다. 양국 간의 활동은 "진출인가, 침략인가" 하는 개별적 역사 이해
에서 나타나는 대립의 차원을 넘어, 양국 간의 관계사 전체를 시야에 넣으
려는 것이기도 했다. 그러나 이 두 사례는 두 국가 간의 대화로서 어디까지
나 각기 민족 / 국민이라는 존재를 전제로 한 것이었다. 그러면 민족 / 국민

의 틀을 넘는 역사는 불가능한 것일까?

1950~60년대 유럽평의회에는 유럽의 차원의 역사교육을 도입하기 위해 일련의 심포지엄을 개최했다. 단일한 유럽사를 목표로 한 것이 아니라, 기존의 민족주의적 / 국민주의적 틀을 유지하면서 역사상歷史像의 공통성을 높여 나가는 점진적 자세를 취했던 것이다. 그런데 1980년대 말 이후 유럽통합이 급속히 진전됨에 따라, 공통의 역사로 나아가고자 하는 적극적인 자세에 정당성 같은 것이 부여되기 시작했다. 그 대표적인 사례가 12개국의 역사학자들이 편찬한 『유럽의 역사』였다.

『유럽의 역사』는 획기적인 시도였지만 심각한 문제점도 안고 있었다. 첫째, 식민지 등에 관한 기술에서 '유럽중심주의'라는 비판을 면지 못했다는 점이다. 둘째, 거기서 기술된 역사는 옛 카롤링 제국의 판세, 특히 프랑스를 중심으로 한 역사에 지나지 않는다는 점이다. 또한 이슬람교도 등 비유럽계인 소수 민족의 자리매김을 둘러싼 문제가 노출되었다. 즉 유럽 내부의 다양성이 지리적으로도 민족적으로도 충분히 반영되어 있지 않았다.

『유럽의 역사』가 드러낸 한계는 결국 민족사 / 국민사 일반이 직면하는 문제와 크게 다르지 않다. 유럽중심주의는 민족주의 / 국민주의에 대응하며, 민족적 / 국민적 균일성을 이야기하는 민족사 / 국민사도 실은 명확한 문화적 중심지를 바탕으로 설정하고 주위를 그것에 대조한 것에 지나지 않기 때문이다.

　그러나 역사라는 것이 집단적 정체성을 형성하고 강화하는 데 그 존재가치가 있다는 이런 생각은, 역설적으로 역사를 비판적으로 이해하는 것이 얼마나 중요한 것인가를 우리들에게 가르쳐준다. 역사에 대한 비판적 인식이야말로 민족 / 국민을 전제로 하는 현실 속에서 상호간에 불가피하게 발생하는 마찰을 본질적으로 줄일 수 있는 유일한 해결 방안이며, 그 때문에 역사에 대한 국제적 대화가 수행하는 역할에 대해 더욱 주시해야만 한다는 것이다.

　저자는 자칫하면 이상시理想視되기 쉬운 '국제 역사교과서 대화' 활동을 그 한계까지 성실히 검증하고 확인하면서, 역사교육을 민족주의 / 국민주의로부터 해방시키는 방법을 모색하고 있다. 실로 일본과 아시아 각국 간에 발생하고 있는 교과서 문제에도 시사하는 점이 적지 않다.

한일 간의 교과서 문제는 일본에서 교과서 검정 결과가 나올 때마다 한일 간의 외교 문제가 되고, 그것을 해결하려는 여러 노력에도 불구하고 끝없는 줄다리기를 하는 것처럼 보인다. 독일과 폴란드 간의 교과서 대화를 보여준 이 책이 우리 문제의 해결에 조그만 도움이라도 되었으면 한다. 좋은 편집과 교정을 해주신 역사비평사 편집부에 감사의 뜻을 표한다.

2006년 6월 23일
옮긴이 박경희